中国南京市における
城壁空間の保全と活用

Conservation and utilization of city wall space
in Nanjing, China

中国江蘇高校品牌専業建設工程資助項目（項目編号：PPZY2015A063）
(Top-notch Academic Programs Project of Jiangsu Higher Education Institutions)

王　成康 著

目　　次

まえがき ……………………………………………………………………………… *1*

第 1 章　序論

1.1　研究の背景 ……………………………………………………………… *5*

  1.1.1　城壁の起源と発展 ………………………………………………… *5*

  1.1.2　歴史的環境保全の起源と発展 ………………………………… *6*

1.2　研究の目的 ……………………………………………………………… *10*

1.3　論文の構成 ……………………………………………………………… *11*

1.4　研究の方法 ……………………………………………………………… *13*

  1.4.1　資料収集 …………………………………………………………… *13*

  1.4.2　ヒアリング調査 ………………………………………………… *13*

  1.4.3　現地測量調査 …………………………………………………… *14*

1.5　既往研究の総括と本研究の位置づけ ……………………………… *14*

  1.5.1　城壁に関する研究 ……………………………………………… *14*

  1.5.2　歴史的環境保全に関する研究 ………………………………… *16*

  1.5.3　研究の位置づけ ………………………………………………… *19*

1.6　研究用語と定義 ………………………………………………………… *19*

  1.6.1　城壁に関する用語 ……………………………………………… *19*

  1.6.2　文物と文化財 …………………………………………………… *21*

  1.6.3　歴史的環境 ……………………………………………………… *21*

  1.6.4　保護、保全、保存 ……………………………………………… *22*

第 2 章　欧州と中国における城壁都市の保全実態から見る南京城壁の特徴

2.1　はじめに ………………………………………………………………… *35*

i

2.1.1 研究の背景 ･･････････････････････････････････ *35*

2.1.2 研究の目的 ･･････････････････････････････････ *43*

2.1.3 研究の方法 ･･････････････････････････････････ *43*

2.1.4 既往研究 ･･････････････････････････････････････ *44*

2.2 城壁都市の保全実態 ･･････････････････････････････ *45*

2.2.1 資料の収集 ･･････････････････････････････････ *45*

2.2.2 城壁都市の代表性分析 ････････････････････････ *45*

2.3 欧州と中国の城壁都市 ････････････････････････････ *48*

2.3.1 欧州の城壁都市 ･･････････････････････････････ *48*

2.3.2 中国の城壁都市 ･･････････････････････････････ *50*

2.4 城壁都市の形態と保全類型 ････････････････････････ *53*

2.4.1 城壁都市の形態 ･･････････････････････････････ *53*

2.4.2 城壁の残存パターンと市街地の空間関係 ････････ *54*

2.4.3 新旧市街の位置関係と旧市街の保全類型 ････････ *56*

2.4.4 欧州と中国における城壁都市の比較 ･･････････････ *59*

2.5 城壁都市の分類 ･･････････････････････････････････ *60*

2.5.1 分類の方法 ･･････････････････････････････････ *60*

2.5.2 城壁都市の類型と特徴 ････････････････････････ *64*

2.6 南京城壁の位置づけと特徴 ････････････････････････ *67*

2.7 おわりに ･･ *67*

第3章 南京市における城壁空間の変遷と利用実態

3.1 はじめに ･･････････････････････････････････････ *81*

3.1.1 研究の背景 ･･････････････････････････････････ *81*

3.1.2 研究の目的 ･･････････････････････････････････ *82*

3.1.3 研究の方法 ･･････････････････････････････････ *82*

3.1.4 既往研究 ･･････････････････････････････････････ *83*

3.2 南京市と南京城壁の概要 ･･････････････････････････ *83*

3.2.1 南京市の概要 ･･･････････････････････････････ *83*

	3.2.2 南京城壁の概要	84
3.3	南京の都市発展と城壁の変遷	85
	3.3.1 明朝以前の城壁と市街地の変遷	85
	3.3.2 明朝以降における城壁と市街地の変遷	88
3.4	南京市における城壁空間の特徴と類型	96
	3.4.1 城壁周辺の土地利用	96
	3.4.2 城壁空間の特徴	97
	3.4.3 城壁空間の分類	98
3.5	南京市における城壁の現代的役割と課題	102
	3.5.1 城壁の現代的役割	102
	3.5.2 城壁空間の課題	103
3.6	おわりに	104

第4章 南京市における城壁の保全に関する法制度及び 計画の特徴と課題

4.1	はじめに	111
	4.1.1 研究の背景	111
	4.1.2 研究の目的	112
	4.1.3 研究の方法	112
	4.1.4 既往研究	112
4.2	城壁の保全に関する法制度	113
	4.2.1 中国における文物の保護体系と城壁の保全	113
	4.2.2 南京市における城壁の保全に関する法制度の変遷	116
4.3	全国重点文物保護単位保護計画の変遷と策定	118
	4.3.1 文物保護に関する計画の変遷	118
	4.3.2 全国重点文物保護単位保護計画の策定状況	120
	4.3.3 全国重点文物保護単位保護計画の策定プロセスと課題	123
	4.3.4 全国重点文物保護単位保護計画の内容構成と特徴	124
4.4	南京城壁保護計画の変遷と特徴	126

	4.4.1	南京市における城壁の保全に関わる計画の変遷 ················ *126*
	4.4.2	南京城壁保護計画の策定と内容 ·································· *129*
	4.4.3	南京城壁保護計画の特徴と国による保護施策の関係性····· *133*
4.5	南京市における城壁の保全に関する制度上の課題と改善方針···· *134*
4.6	おわりに ··· *135*

第5章　結論

5.1　総括 ··· *145*

5.2　今後の展望 ··· *147*

参考文献一覧 ·· *153*

図表リスト ·· *171*

発表論文 ·· *177*

謝辞 ··· *181*

まえがき

　都市の区域を定め、外敵の侵入を防ぐために、中国の多くの都市で城壁が築かれ、城壁都市を形成してきたが、都市の拡大と武器の発達に伴って城壁の存在価値は次第に低下し、20世紀に入ると城壁の破壊が進んだ。その後、改革開放による経済の成長とともに、中国政府は歴史的環境を重視するようになり、城壁の保全に取り組む都市が見られるようになった。城壁全体を当初の形態に復原する方針をとる都市がある一方で、南京市は都市の発展に伴い、道路や地下鉄を整備するために、城壁の撤去や城門の設置等により城壁の形態を改変し、城壁の周辺環境の整備に取り組み、観光資源としての活用を模索しているが、市民が城壁に自由に立入りできないエリアが発生するなど、城壁と市民との関わりを希薄にしている。そこで、城壁を観光資源として活かしつつ、都市生活の一部としての機能を維持するために、城壁の保全制度を整備するとともに、城壁周辺の都市空間を含む城壁空間として一体的に捉え、都市の発展とのバランスをとることが求められる。

　そこで本研究は、現在の中国において残存規模が最大である南京市の城壁及び周辺の都市空間を含む城壁空間を研究対象として、欧州と中国における城壁の保全の実態、城壁都市の類型と南京市の城壁の特徴、南京市における城壁の変遷と利用実態、南京市における城壁の保全に関する法制度と計画の特徴と課題を明らかにするとともに、城壁空間の特徴と現代的役割をふまえた今後の保全と活用の方針を提示することを目的としている。

　本論文は、序論、本論及び結論の5つの章により構成されている。

　第1章では、序論として、研究の背景、目的、方法について述べ、本研究の意義や枠組みをまとめるとともに、既往研究を整理し、本研究の位置づけを明らかにした。

　第2章では、自治体等からの資料提供を得た欧州と中国の48都市を対象として、人口、築造年代、城壁の規模等を整理し、対象とした欧州と中国の城壁都市の多くが11世紀から16世紀にかけて築かれ、中国の城壁都市が欧州より大規模であること等を示した。また、城壁都市の形態、城壁に囲まれた旧市街地の類型、城壁と市街地の隣接関係、城壁の残存パターン等を踏まえ、中小規模全

体保全型、高台市街化型、融合型、独立型の４つのタイプに分類し、それぞれの類型の特徴を分析し、城壁都市の形成に関する課題と方針を明らかにするとともに、南京市の城壁は市街地との関係性の弱い独立型であり、城壁空間の地形や土地利用が複雑であること、連続性に欠けること等の特徴を示した。

　第３章では、南京市におけるこれまでの城壁の変遷と都市発展の関係性について考察し、南京市の人口増加による市街地の拡大に伴う城壁の増築と新築、城壁の形態と名称の変更、文化大革命時における城壁の破壊、改革開放による城壁の復元等の変遷を明らかにした。つぎに、城壁及び周辺の都市空間により構成される城壁空間を城壁の長さ300mを基準として区分し、各城壁空間の機能、利用状況、物理的特徴等をデータとするクラスター分析により、城壁空間を未整備隔離型、公園整備一体型、高台視点場型、境界区分型の４つのタイプに分類し、それぞれの特徴と今後の保全に関する方針を提示した。さらに、南京市における城壁のシンボル性とゲート性、城壁の内外を眺望する視点場、市民活動の場等の現代的な役割を再評価した上で、城壁空間と周辺との不調和、城壁空間を回遊する動線の不備、観光資源化を目的とした整備が公園整備に偏っていること等の課題を示した。

　第４章では、南京市における城壁の保全に関する法制度と計画を対象として、まず、城壁の保全に関する法制度の変遷から、城壁の保全と周辺の都市空間との調和および関連性を考慮する空間開発の基準を設定する必要性を示した。つぎに、南京市における城壁保護計画の変遷を考察した上で、国が新たに公布した文物保護工程管理弁法等をもとに、保護計画が部門別計画を含む規範的、総合的な計画に変化したこと、保護対象も遺跡単体のみから自然環境を含む外郭まで拡大したこと、また、環境整備等のハード面から、無形文化遺産の開発や管理組織の設置等のソフト面を重視するようになったこと等を明らかにし、画一的な保全区域と規制区域の設定、整備・開発の制限、文物部門を中心とする保全の仕組み、行政主導による保全計画の策定等のかかえる課題と今後の改善方針を提示した。

　最後に第５章では、本研究を通じて得られた知見を総括し、本論文の結論とした。

第 1 章

序論

第1章　序論

1.1　研究の背景

1.1.1　城壁の起源と発展

　城壁の起源について、ルイス・マンフォードは「宗教的なもので、神域の聖なる境界を定め、敵意ある人間よりもむしろ悪魔を寄せ付けないためのものだったらしい」と述べている[1]。古代中国では、都市は「城」と「市」を組み合わせたかたちで形成された。「市」は交易を行う場所を指し、「城」は一定の地域を囲み防御する塀を指す。つまり城壁のことである。城壁は、遠方から来る外敵を見張り、外敵の侵入を防ぐ軍事的役割を有すると同時に、「市」の区域を定め、規模を制限する役割もある[2]。中国では、人類が生存を維持するため、集落の周囲に生息する野獣等の攻撃を防御する塀から発達したものと認識されている[3]。

　中国における城壁の建造史は、龍山文化期（BC2900-BC2100）に始まる。西周時代（BC1046-BC771）から大規模化した。1949年の中華人民共和国（以下、新中国）の建国直前に至るまで、都市を建設する際に城壁を建造していた[4]。建てられた城壁の総数については、正確には明らかでないが、約6,000〜7,000であったと推測されている[5]。城壁は、中国の古代都市の形成に重要な役割を果たし、軍事技術、建造技術の発達に貢献してきた。

　時代の変化に伴い、武器の革新と都市の拡大によって、城壁の防御機能や都市区域を定める機能は意味を失い、城壁は都市発展の障害となった。また、新中国建国以降には、文化大革命による一連の政治運動のなかで、伝統的なもの、歴史的なものを否定する破壊運動により、多くの城壁が取り除かれた。

　改革開放による経済の成長とともに、中国政府は歴史文化遺産を重視するようになり、古代都市の面影を残す城壁を重要な文化財として保全しようという考えから、城壁の保全に取り組む都市も多く見られるようになった。現在まで、市街地内に残存しており、保全状況が特に良好な36都市の城壁は、国レベルの

第1章 序論

文化財である重点文物保護単位として指定されており、それ以外でも省、市・県レベルの文化財として認定された城壁が多く存在する。

しかしながら、現在の中国では、人口過密化、交通渋滞等問題を解決するため、大規模な都市の開発・再開発とともに、歴史的環境を損壊してきた事例が多く見られ、歴史的環境の保全に関する法制度や計画等が十分に対応しているとは言えない状況にある。同時に、都市発展のための施策の重点は、インフラや施設建設等を主体とするハード面から、都市における文化振興や活性化などのソフト面の計画へと重点が変化し、歴史的環境を保護するために、必要な都市開発を抑える例もでてきている。そのうえ、観光資源としての活用を模索しているが、地域文化の育成や住民との関わりなどの取り組みは弱く、十分とはいえない。歴史的環境を地域資源として活かしつつ、都市環境の整備・開発とのバランスを取ることは、中国における今日の都市計画の重要な課題の１つといえる。

城壁の保全に関しても、西安市や開封市のように、城壁を観光資源として整備し、城壁全体を当初の形態に復原する方針をもつ都市がある一方で、都市の発展に伴い、道路や地下鉄を整備するために、城壁の撤去や城門の設置等により城壁の形態を改変する都市も多く見られる。また、城壁の周辺環境をオープンスペースとして整備する取り組みが行われ、文化財としての整備が進みつつあるが、城壁の周辺における建築が規制を受け、城壁への入場料徴収により市民が自由に立入りできない区域が生じるなど、城壁と市民との関わりを希薄にしている事例が見られる。

そこで、城壁を保全する際に、城壁を観光資源して活かしつつ、都市生活の一部としての機能を維持するために、保全制度を整備すると同時に、都市環境と一体的に捉え、都市の発展とのバランスをとることが求められている。

1.1.2　歴史的環境保全の起源と発展

（1）　世界における近代的な歴史的環境保全の起源

歴史的環境保全については、欧州が世界に先駆けて取り組んできた。フランスは、1830年に歴史的記念物総監を、翌1831年には歴史的記念物局を創設し、

歴史的環境保全のための制度を確立した。法制度の整備の先駆けは、イギリスであり、1882年に最初に歴史的環境の保全に関連する古記念物保存法を公布した。その後、フランス、ドイツ、イタリア等の諸国も相次いで法律を制定した[6]。

日本では、1897年（明治30）年に歴史的環境の保全に関わる初の古社寺保存法を公布し、次に、1919（大正8）年に史蹟名勝天然記念物保存法、さらに1929（昭和4）年に国宝保存法が公布され、1950（昭和25）年に、上記の3法を新しい観点から統合した文化財保護法が議員立法により成立した[7]。

（2）　中国における歴史的環境保全の起源と発展

中国における歴史的環境保全は、1922年に北京大学考古学研究所の設立に始まる。1929年、初の保全に関連する法令である名勝古跡古物保存条例が、当時の中華民国政府内政部によって公布され、湖山、建築、遺跡等名勝古跡や金石、植物、武器、彫刻等古物が保護の対象と規定された。翌1930年に国民政府により古物保存法が公布され、1932年に中央古物保管委員会を設置し、国による歴史的環境の保全に関する制度が成立した。しかし、政局の不安や戦争等によって、これらの保全に関する取組みは弱く、十分に機能を果たせなかった[8]。

1949年の新中国創立以降、それ以前の取組みはすべて廃止され、1960年代半ばまでに保全に関する一連の法令が新たに公布され、保全制度の一応の確立をみたが、1966年からの文化大革命によってすべて廃止された。1980年代になって、改革開放のもとで歴史的環境の保全を再び重視するようになり、1982年に文物保護法の公布をはじめとして、歴史文化名城制度の面的な保全の確立等、多くの保全に関する取組みが実施されてきた。

（3）　歴史的環境保全に関する国際条約（Convention）、勧告（Recommendation）、憲章（Charter）

歴史的環境保全の理念や方法に関して、ユネスコや国際記念物遺跡会議（ICOMOS/ International Council on Monuments and Sites）等の国際的機関を通して、世界諸国の合意による条約、憲章、勧告等により共通認識が形成されていった[8)-11]。

国際的な協調活動は、武力紛争時に文化財を破壊から守るための国際的な協

調会議の開催に始まる。1874年にベルギーのブリュッセルで武力紛争時の文化財保存のための初の国際会議が開催され、その後、1899年と1907年にオランダのハーグで2回開かれた万国平和会議において武力紛争時の文化財保護のあり方について議論された。同様の試みとして、1935年に汎米連合 Pan-American Union がアメリカ諸国間において武力戦争時の文化財保護のための条約を定めた。しかし、これらの文化遺産を守るための国際的な取組みは、第一次世界大戦、第二次世界大戦時にほとんど無力となった。

1904年にマドリッドで開催された第6回国際建築家会議において、「記念建造物の保存と修復」という歴史的環境の保全に関する初の国際的合意文書が公布された。文書の中では、保全の対象を、当初計画された目的通りに使用され続けている「生きた」記念物と、過去の文明に属するか、または無用となった「死んだ」記念物とに分け、「死んだ」記念物には凍結的な保存を、「生きた」記念物には建物使用を継続する保全をすすめるべきことを述べている。また、保全の理念には審美的価値を優先することがその基底にあった。

1931年に、第1回歴史的記念物に関する建築家技術者国際会議がアテネで開催された。会議では、修復の一般原則や法制度等の整備等について合意がなされ、その結果は後年、「歴史的記念物修復のためのアテネ憲章」と呼ばれるようになった。アテネ憲章は、理想主義的な完全な修復を否定するとともに、記念建造物の周辺における新築建物、屋外広告物や煙突等の景観阻害要素の改善に関する都市景観整備につながる視点にも注目した。

1933年に、現代建築国際会議（CIAM）が制定した初の都市計画に関する国際協議「アテネ憲章」において、都市の歴史的遺産に関する項目を立て、重要な単体または面的建築的遺産を保護すべきことについて提言したが、歴史的地区に過去の様式を用いて新しい建造物を建設することについては否定した。

第二次世界大戦後、国際連合教育科学文化機関（United Nations Educational, Scientific and Cultural Organization/UNESCO）が1945年に設立され、また、歴史的環境保全に関わる各国専門家による非営利の民間国際組織としての国際記念物遺跡会議（ICOMOS/ International Council on Monuments and Sites）が1964年に結成された。両組織は現在までに、世界遺産条約をはじめとして多くの歴史的環境に関する条約や憲章等を制定している。

8

1964年、ヴェニスで開催された第2回の歴史的記念物に関する建築家技術者国際会議において、「記念物の保全と修復に関する憲章」いわゆるヴェニス憲章が合意された。ヴェニス憲章は1931年のアテネ憲章を当時の視点から再検討し、基本路線を受け継いでいおり、保全の対象は記念建造物から周辺環境の保全に広がった。

　1972年にユネスコの総会で「世界の文化遺産及び自然遺産の保護に関する条約」、通称世界遺産条約が採択された。条約は、文化遺産及び自然遺産の定義をはじめとして、合計8章38条からなっている。文化遺産及び自然遺産の保全はそれぞれの国の義務とされ、世界遺産委員会 World Heritage Committee の設立と、そのもとで世界遺産リスト及び危機に頻した世界遺産リストの作成、またリストの登録基準等を規定した。

　1976年にナイロビで開催されたユネスコ第19回会議において、「歴史的地区の保全及び現代的役割に関する勧告」いわゆるナイロビ勧告が採択された。ナイロビ勧告では、歴史地区の問題を社会的な問題としてとらえ、単なる保存にとどまらず、その現代的意義を強調し、都市計画の一部として歴史的地区及びその周辺環境を保護、再生するための総合的かつ精力的な政策を採択することが各国の義務であることを規定した。また、歴史的地区及びその周辺環境の定義を行い、保全時に注目すべき課題等をうたった。ナイロビ勧告は歴史的環境保全に直接関係する勧告として重要である。

　1987年のワシントンで開催した ICOMOS 総会において歴史的都市街区保全憲章（ワシントン憲章）が制定された。憲章は、歴史的都市保全の分野でヴェニス憲章を補完する目的で制定され、保全計画立案の重要性や計画への住民参加、居住環境の改善の必要性について言及している。歴史的地区において保全すべきものは、1）敷地や街路によって表される都市パターン、2）建物と緑地及び空地との関係性、3）スケールや規模、様式、建築材料、色彩、装飾によって表される建物内外の様式的形態、4）町または都市的地区とそのまわりの自然的及び人工的周辺環境、5）長期にわたって町または街区が獲得してきた多様な機能、の5点であるとしている。

　歴史的環境保全は、19世紀の後半から始まり、最初の建造物本体の保全と修復から、周辺における景観整備、面的建築遺産、歴史的地区と周辺環境、さら

第1章 序論

に歴史的都市へと保全対象を拡大しつつ、物的要素の整備、機能の維持・再生、組織の構築等に至るまで、地域をこえて、世界共通の課題として認識されるようになっている。

1.2　研究の目的

本研究は、現在の中国において残存規模が最大である南京市の城壁及び周辺の都市空間により構成される城壁空間を研究対象とし、その利用実態及び現代的役割を再評価した上で、今後の保全と活用の方針を明らかにするため、以下の3点を主な目的として挙げる。

（1）　欧州と中国における城壁都市の実態から見る南京城壁の特徴
世界における城壁都市の保全実態を明らかにするとともに、現存する城壁都市の多い欧州と中国に着目し、両地域の城壁都市の実態及び空間的特徴を考察した上で、南京城壁の位置づけと特徴を明らかにする。

（2）　南京市における城壁空間の変遷と利用実態の解明
南京市の都市発展史における城壁の変容と都市の成長との関係性を考察した上で、城壁空間の利用実態および空間構成の特徴を明らかにするとともに、城壁空間の現代的役割と今後の課題を提示する。

（3）　南京市における城壁の保全に関する法制度と計画の特徴と課題
城壁の保全に関わる法制度の特徴と課題を明らかにするとともに、全国重点文物保護単位保護計画の策定状況、プロセス及び内容構成を考察した上で、南京城壁保護計画の変遷に国の施策との関係性および今後の課題を明らかにする。

1.3　論文の構成

　本論文は、序論、本論及び結論の 5 つの章により構成されている（図1-1）。

　第 1 章では、序論として、研究の背景、目的、方法について述べ、本研究の意義や枠組みをまとめるとともに、既往研究を整理し、本研究の位置づけを明確にしている。

　第 2 章では、世界における城壁都市の保全実態を明らかにするとともに、現存する城壁都市の多い欧州と中国に着目し、両地域における城壁都市の保全類型と空間的特徴を考察した上で、南京城壁の位置づけと特徴を明らかにするために、まず、文献調査やインターネットを活用した検索作業により、城壁の存在する都市をリストアップし、行政のホームページや Google earth 等のウェブサイトを確認した上で、依頼文書を発送し、代表的な48城壁都市の資料を収集した。つぎに、得られた資料をデータ化し、城壁の残存形態、城壁と市街地の隣接関係、新旧市街地の位置関係、城壁が囲む旧市街地の保全方式等を考察しつつ、クラスター分析により城壁都市を分類し、欧州と中国の城壁都市の保全類型と空間的特徴を比較した上で、南京城壁の位置づけと特徴を明らかにした。

　第 3 章では、現在の中国において残存規模が最大であり、今後も保全が期待される南京市の城壁を研究対象とし、城壁空間の特徴と課題を明らかにするために、まず、文献調査をもとに、南京市における城壁と市街地の変遷をレビューする。次に、現地における城壁及び城壁空間の現地調査を行い、城壁空間の特徴を把握した上で、城壁空間の機能、利用状況、空間構成に関わる指標を用いてクラスター分析を行い、城壁空間を分類し、それぞれのグループの特徴を踏まえた今後の保全・整備に関する方針について分析を行った。さらに、城壁の現代的役割と今後の課題に関する考察を加えた。

　第 4 章では、南京城壁と周辺空間を保全するための法制度や計画を対象として、城壁の保全に関わる法制度の特徴と課題を明らかにするとともに、城壁空間の利用実態を踏まえた法制度の改善方針について提案するために、まず、文献調査をもとに、城壁の保全に関する法制度、南京市における城壁の保全に関わる法規の変遷と特徴を把握した。つぎに、国家文物局等データベースをもとに、法規の公布・修正に関する通達・通知を対象とする文献調査、東南大学建

11

筑設計研究院に対するヒアリング調査を行い、中国における文物保護計画の変遷、全国重点文物保護単位保護計画の特徴と制定上の課題を明らかにした。さらに、南京城壁と周辺の状況に関する現地調査、東南大学建築設計研究院及び南京市計画設計研究院に対するヒアリング調査を行い、南京城壁の保護計画の変遷、計画の特徴と課題を考察した上で、城壁空間の利用実態を踏まえた法制度の改善方針について提案する。

　最後に第5章では、本研究を通じて得られた知見を総括し、本論文の結論としている。

第1章　序論
1) 研究の背景　　2) 研究の目的　　3) 論文の構成
4) 研究の方法　　6) 既往研究　　7) 研究の用語と定義

第2章　欧州と中国における城壁都市の保全実態から見る南京城壁の特徴
1) 欧州の城壁都市　　2) 中国の城壁都市　　3) 城壁都市の形態と特徴
4) 城壁都市の類型　　5) 南京城壁の位置づけと特徴

第3章　南京市における城壁空間の変遷と利用実態
1) 南京の都市発展と城壁の変遷　　2) 城壁空間の類型と特徴　　3) 城壁の現代的役割
4) 城壁空間の課題

第4章　南京市における城壁の保全に関する法制度及び計画の特徴と課題
1) 南京城壁の保全に関する法制度　　2) 全国重点文物保護単位保護計画の変遷と策定
4) 南京城壁保護計画の変遷と特徴
5) 南京市における城壁の保全に関する制度上の課題と改善の方針

第5章　結論
1)　各章のまとめ　　2) 今後の展望

図1-1　本研究のフロー

1.4 研究の方法

　本研究は資料収集、ヒアリング調査、現地測量調査及びそれらの分析により、研究課題に応じて、以下のような資料収集、調査及び分析を行っている。

1.4.1 資料収集

　第２章において用いる各城壁都市の基礎状況、城壁の保全状況等研究用の資料を、①文献調査、②中国及び欧州の城壁都市の都市計画或いは文化財保護部門へ宛てた提供依頼（図1-1）、③インターネットを活用し城壁都市の行政サイト内検索作業により収集した。

　第３章において用いる南京市の基礎状況、南京城壁の変遷等研究用の資料を、①文献調査、②現地の南京市都市計画研究院、③市政府のサイト内検索作業により収集した。

　第４章において用いる南京城壁の保護に関連する法規や計画、全国重点文物保護単位保護計画の策定状況等研究用の資料を、①文献調査、②現地の南京市都市計画研究院、東南大学建築学院の協力、③中華人民共和国国務院、国家文物局または各省政府が公布した法令、通達等公文により収集した。

1.4.2 ヒアリング調査

　中国における重点文物保護単位保護計画の策定状況、策定にあたってのプロセス、内容構成等を把握するために、計画を策定する資格を有する南京市にある東南大学建築設計研究院に対する現地ヒアリング調査を実施した（2013年２月）。その結果を主に第３章における記述の論拠としている。

　南京市における城壁保全に関する法制度、計画の変遷等を把握するために、「南京明城壁風光帯計画」（1997年）を策定した南京市計画設計研究院（2010年８月、2013年２月）、「南京城壁保護計画2008〜2025」（2007年）を策定した東南大学建築設計研究院（2010年９月、2013年２月）に対する現地ヒアリング調査を実施した。その結果を主に第４章における記述の論拠としている。

第1章 序論

1.4.3 現地測量調査

第3章において用いる南京城壁及び城壁空間の空間構成、周辺の土地利用等
データを収集するために、現地にて実測調査（2010年9月～10月）を実施した。

1.5 既往研究の総括と本研究の位置づけ

1.5.1 城壁に関する研究

城壁に関する研究は、（1）城壁の建造と歴史に関する研究、（2）城壁の保全
と活用に関する研究、（3）城壁の周辺空間の整備・開発に関する研究、（4）城
壁と都市発展の関係性に関する研究に大別できる。

（1） 城壁の建造と歴史に関する研究

城壁の歴史や建造に関する研究の蓄積は多い。都市の発展史における城壁の
起源と発展を考察した L. Mumford の研究[2]、欧州における防御施設としての城
壁は先史時代から近代にかけて社会の発展、武器の革新と伴う変遷過程を明ら
かにした Horst D. L. C の研究[12]、考古的視点から中国古代の古城の建造を考察
した杉本の研究[13]、中国の殷周時代から明清時代まで各時代に建造した代表的
城壁を考察した愛宕の研究[14]、中国の都市発展史における城壁の起源や役割を
探求した馬の一連の研究[4)5]、南京の明城壁の建造経緯を紹介した王の研究[15]、
南京城壁の建造史と発展の経緯を考察した楊らの研究[1]、イタリア・ルッカ市
の城壁の建造と発展史を紹介した葛らの研究[16]、北宋首都開封の城壁の修築経
緯を考察した久保田の研究[17]、スペイン・ララチェの城壁の実施案が成立する
経緯、その成立背景等を検討した高柳の研究[18]、南京の明城壁の変遷を考察し
た李らの研究[19]、中国の都市建造史における城壁の建造を考察した于らの研
究[20]、台湾新竹城における城壁の形成経緯を考察した黄の研究[21]、中世ヨーロッ
パにおける城塞および他の囲まれた防御物の起源および発展の分析、それらの
主要コンポーネントの詳細な記述およびそれらの最終的な衰退の理由を考察し
た J. E. Kaufmann らの研究[22]、中国における城壁の築造理念、防御システムを

考察し、主要な城壁都市の築造と変遷を紹介した S. Turnbull の研究[23]等がある。

（2） 城壁の保全と活用に関する研究

城壁の保全・保護と活用に関する研究として、城壁を保護するために周辺の緑地の整備の方針を提示した楊の研究[24]、中国の古城壁の保護方針と方法を探究した付の研究[25]、荊州古城墻の価値と保護方針を分析した李らの研究[26]、南京城壁の価値を分析した上で、世界遺産の登録の可能性を分析した沈の研究[27]、南京明城壁の保護、利用、改造の方向性を提示した周らの一連の研究[28][29]、西安明城壁の保護経緯と課題を分析した李の研究[30]、南京城壁の保護と周辺の植物分布を考察した薛らの研究[31]、韓国の国史跡邑城における城壁の保存整備の動響と特徴を明らかにした徐らの研究[32]等がある。

（3） 城壁の周辺空間の整備・開発に関する研究

城壁の周辺空間の整備・開発に関する研究として、南京市における城壁周辺の開発の課題を分析した斉の研究[33]、南京城壁の整備・開発計画を紹介した劉の研究[34]、開封市における古城壁の観光開発の課題を分析した曹らの研究[35]、西安城壁の内側における公共空間の整備の方針を考察した馮らの研究[36]、南京城壁の周辺空間の再開発とデザイン手法を探究した周の研究[37]、南京明城壁を線形空間としての成長可能性を分析した周らの研究[38]等がある。

（4） 城壁と都市発展の関係性に関する研究

城壁と都市発展の関係性に関する研究として、南京城壁の周辺空間の開発と道路建設の関係を論じた陳の研究[39]、パリの城壁の変遷からみた城壁が都市の発展及び城壁周辺空間に与える影響を論じた S. Ragueneau らの研究[40]、開封城墻を対象とし、城壁が都市建設に与える影響を論じた馬らの研究[41]、南京城壁の保護と都市交通の発展の関係について探究した陳らの研究等[42]がある。

第1章 序論

1.5.2 歴史的環境の保全に関する研究

歴史的環境の保全に関する研究は、（1）世界の諸国における文化財保護に関する法制度の整備や特徴に関する研究、（2）特定の歴史的都市、地区の保全、文化財保護の歴史的変遷や保全の思想に関する研究、（3）住民活動・運動による保全の効果や課題を分析した研究、（4）保全の手法や技術に関する研究、（5）保全事業に対する分析・評価に関する研究、（6）保全計画に関する研究に大別できる。

（1） 法制度の整備や特徴に関する研究

歴史的環境の保全に関する法制度に関する研究として、台湾における歴史的建造物・歴史的環境の保全に関する法規体系及び執行体系、保全制度とその運用状況、日本と台湾の保全制度の比較に関する浅野らによる一連の研究[43)-46)]、英国都市計画における歴史的環境保全のための地区制度を考察した西村の研究[47)]、中国山東省烟台市における歴史的建造物に対する保護への取組みやその内容を考究した林らの研究[48)]、橿原市今井町伝統的建造物群保存地区における建築基準法の緩和措置の検討内容と今後の保全と建築規制のあり方を明らかにした藤崎の研究[49)]、ウィーン市の歴史的景観保全制度の展開と市民意識に見るその役割を論じた三島の研究[50)]、中国における歴史文化名城保護制度の枠組みの整備過程の特徴と課題を明らかにした葉らの研究[51)]、アメリカ合衆国におけるヒストリック・ディストリクト制度の変遷、現状の法的論点や論拠の確立に関する窪田らの研究[52)-54)]、アメリカにおける総合陸上輸送効率化法の制定を通して、歴史的環境保全活動の新たな意義を考察した梅津の研究[55)]、シンガポールやマレーシアにおける歴史的市街地の保存の現状や制度整備上の課題を明らかにした宇高の研究[56)57)]、フランスにおける建造物監視官（ABF）の役割、特質と実際の運用を考察した和田の研究[58)]、ドイツにおける面的記念物保護制度の運用と特徴を明らかにした井川の研究[59)]、北京における歴史的環境保全制度の変遷並びに現在の構成を考察した銭らの研究[60)]、連合国最高司令官総司令部文書を用いて文化財保護法の成立過程を明らかにした境野らの研究[61)]、バンクーバー市における都心における歴史的建築物保全のために容積移転制度の運用実

態を考察した堀らの研究[62]、横浜市認定歴史的建造物制度の「保全活用計画」の景観的価値を分析することで歴史的建造物の保全活用の特徴を明らかにした清野らの研究[63]、フランス保護領下・モロッコにおける文化財保護の法制度を考察した吉田らの研究[64]、文化財保護法制定後の国宝建造物指定方針と戦後の「国宝」概念の形成に関する青柳らの研究[65]、重要文化財建築物の動態保存における維持管理の現状と運営方策に関する李らの研究[66]等がある。

（2） 保全の歴史と思想に関する研究

　歴史的環境保全の歴史と思想に関する研究として、歴史環境の概念生成史や保全実態とその問題点に関する西村らの一連の研究[67]-[71]、近世城郭に立地した城址公園を対象とし、公園内部の空間変容の実態と保存・整備を考察した田畑らの研究[72]、モロッコ・フェズにおける歴史的環境の保全と国際協力のあり方について考察した吉田の研究[73]、近世城郭の利用形態や価値評価の視点の変化とそれに基づく保存・整備と活用の方法を考究した徐の研究[74]、武力紛争の際文化財保護のための条約の成立経緯、履行状況、その課題、また日本との関与等に関する斉藤らや高橋の一連の研究[75]-[82]、考古学的・芸術的目録を対象とし、20世紀初頭の古きパリ委員会による歴史的記念物保全への都市的視点の導入を考察した江口の研究[83]、在外華僑による歴史的建造物群の形成過程とその現状、及び今後の保全のあり方について考察した菅野らの研究[84]、シアトルの歴史地区における保全運動における論点の分析を中心として、コミュニティ保全思想の提起された経緯とその背景を検証した阿部の研究[85]等がある。

（3） 保全における住民活動・運動に関する研究

　歴史環境の保全における住民活動・運動に関する研究として、横浜市における都市デザインの活動から歴史的建造物の保全活用の意義を明らかにした岸田の研究[86]、韓国ソウル市・仁寺洞地区を中心に歴史的環境保存運動の展開とそのプロセスを考察した郭らの研究[87]、歴史的環境保全地区における住民活動の機能の変容過程、住民意識・景観変容との相関を明らかにした亀井の研究[88]等がある。

17

(4) 保全の手法や技術に関する研究

　歴史的環境保全の手法と技術に関する研究として、都市景観保全対策を考察し、景観保全地区におけるどのような建築高度規制が有効かを検討した片山らの一連の研究[89)90)]、ドイツにおける記念物周囲の保護手法を考察した井川の研究[91)] 等がある。

(5) 保全事業に対する分析・評価に関する研究

　歴史的環境保全の事業に関する研究として、米国におけるメインストリート・プログラムからみる歴史的環境保全と社会的経済的価値を考察した梅津らの研究[92)93)]、分割された都市におけるオールドマーケットの保存に関わるヘブロン市占領区域の再生委員会による再生プロジェクトを評価した ZAHDA らの研究[94)]、ボロブドゥール遺跡修復事業の経緯を明らかにするとともに、事業に協力した技術諮問委員会の果たした役割を考察した安田らの一連研究[95)96)]、米国における歴史保全地役権プログラムの全体的特徴、運用課題、日本に導入する場合の課題を分析した遠藤の研究[97)]、英国における歴史まちづくり事業タウンスケープ・ヘリテイジ・イニシアチブの制度的特徴と運用実態を考察した岡村の研究[98)]、中国青島市劈柴院再開発事業を対象とし、再開発事業の過程及び再開発後の利用実態を考察した張らの研究[99)] 等がある。

(6) 保全計画に関する研究

　歴史的環境の保全計画に関する研究として、フランス、イタリア等欧米諸国、または韓国、中国等アジア諸国の歴史的環境・都市保全計画を考察した西村らの一連の研究[9)100)101)]、中国における歴史文化名城の保護制度と計画を分析した王らの研究[8)]、台北市大稲埕地区における歴史的環境保全の取組みの経緯、歴史的環境保全計画案の変遷と運用状況を整理した林らの研究[102)]、観光資源としての中国の国レベル文化財である革命事件の旧址の保護計画を考察した沈らの研究[103)]、全国重点文物保護単位保護計画と観光計画の関係と今後の課題を分析した呉の研究[104)]、フランスに於ける公開文化財建造物の総合的安全計画の安全性能規定の体系，公的安全マニュアル，またはルーアン大聖堂に於ける検証とモデル化を考察した鳥海らの研究[105)]、文物保護単位保護計画における保護範囲、

規制範囲の設置と区分に関する王の研究[106]、名勝の保存管理計画策定と課題を考察した平澤の研究[107]、観光の視点からみる中国重点文物保護単位保護計画の制度上の課題を考察した張らの研究[108]等がある。

1.5.3　研究の位置づけ

　歴史的環境の保全に関する研究は、保全の歴史や法制度に関する研究が主であり、80年代後半から歴史的都市や地区の保全計画に関する研究が増えてきている。また、城壁の保全に関する研究は、都市発展史における城壁の起源、建造や変遷等に関する研究が主であり、城壁の保護と利用方針を探究した研究も多い。近年になって、城壁の周辺空間の整備・開発手法に着目した研究、城壁と都市発展との関係性を論じた研究も増えてきている。

　しかしながら、城壁と周辺空間の利用実態を一体的にとらえ、現代都市における城壁の役割を再考した上で、都市計画・設計の視点から見る城壁空間としての保全と活用を扱う研究は見られない。

1.6　研究用語と定義

1.6.1　城壁に関する用語

（1）　城

　城とは、中国では、新華字典[109]によると「①都市を囲む高い壁、城壁。②都市」と記述している。一方、広辞苑[110]によると「敵を防ぐために築いた軍事的構造物。日本では、古くは柵や石垣または濠・土塁をめぐらしたが、中世に至って、天険を利用して防御を施す「山城」が発達し、もっぱら戦闘用であった。」とある。また、建築大辞典[111]にるよと「①敵の来襲を防ぐ軍事施設。②封建社会の支配者の武装された住居。」と記述している。両国において、「城」の定義は異なっている。本研究では中国の城壁を対象とすることから、新華字典の定義を用いる。

19

（2） 城壁と城郭

　城壁は、中国では「城墙」という言葉で使われ、新華字典[109]によると「防御のために都市の周辺に築かれた高く厚い壁。」と記述している。広辞苑[110]によると「①城の周囲の壁・塀・石垣。②城」と記述している。一方で、意味が近い「城郭」という言葉がある。中国では、新華字典[109]によると「①城壁のことを指す。城は内城の壁、郭は外城の壁。②特定せずにまとまった都市を指す。」と記述している。また、中国古代における「築城以衛君、造郭以衛民」の概念があり[4]、これは君主を守るために城を造り、平民を守るために郭を造るという意味である。つまり、城郭は二重構造をもつ城壁を指しており、都城になった都市のみに存在した。しかし、現在の中国では、二重の城壁を持つ都市は殆ど存在しない。また、広辞苑[110]によると「①城とくるわ。また、城のくるわ。②特定の地域を外敵の侵攻から守るために施した防御施設。」、建築大辞典[111]にるよると「敵襲を防ぐために土居、城壁や濠をめぐらして要塞化した施設。」と記述しており、城壁だけではなく、内部空間を含む施設全体のことを指している。

　本研究においては、都市を防御するために都市の周辺に築かれた高く厚い壁のことを、「城壁」として使用する。

（3） 城壁空間と城壁都市

　本研究では、城壁とその周辺空間を一体的にとらえるために、城壁に隣接する土塁、緑地、堀などのオープンスペースを含み、城壁と並行している自動車道及び住宅区や工場等を囲む塀などの線的要素に囲まれた空間を「城壁空間」、城壁により囲まれた都市を「城壁都市」と定義する。

　本研究では、現代都市に残存している城壁を対象とし、城壁の当初の状態が良く保全されており、城壁周辺に普通の都市生活が営まれている城壁都市を対象とする。

1.6.2　文物と文化財

　中国では、「文物」に関しては、新華字典[109]によると「社会上に残存しており、または地下に埋蔵している人類の文化的遺産。歴史、芸術、科学的価値を有する文化遺址、墓葬、建築及び碑刻、また、各時代の貴重な芸術品、工芸美術品及び生活用品、重要な文献資料及び歴史的価値を有する手稿、古書、各時代の社会制度、生産、生活を代表できる実物。」と記述している。一方、文化財は、広辞苑[110]によると「文化活動の客観的所産としての諸事象または諸事物で文化価値を有するもの。文化財保護法の対象としては有形文化財・無形文化財・民俗文化財・記念物・伝統的建造物群の5種がある。」と記述しており、建築大辞典[111]によると「文化財保護法においては国民の文化的遺産のなかで、文化的価値を持ち、歴史的意義があり、かつ公共的価値を持つものをいう。有形文化財、無形文化財、民俗資料、記念物に分類する。」と記述している。

　「文物」と「文化財」は相互の訳語として中国と日本で使用しているが、両者には内容上も、体系上も、保護の歴史上も差異がある。本研究では、中国の文物保護制度を論じる場合（第3章）、「文物」の原語表記を使用し、それ以外では「文化財」を使用することとし、本研究では古遺址、墓葬、建造物等の物的環境に関わるもののみを対象とする。

1.6.3　歴史的環境

　「歴史的環境」についての明確な定義は存在しない。歴史的とは、広辞苑[110]によると「歴史に関するさま。歴史の立場によるさま。歴史に記録されるべきさま。」とある。環境とは、広辞苑[110]によると「①めぐり囲む区域。②四囲の外界。周囲の事物。特に、人間または生物をとりまき、それと相互作用を及ぼし合うものとして見た外界。自然的環境と社会的環境とがある。」と記述ている。

　西村[112]は「歴史的な都市の骨格および都市的生活様式を読みとることを可能にさせる地区をいうことにする。」と定義し、渡辺[67]によると「伝統的建造物を中心とする集落・町並みを意味している。」であり、窪田[113]によると「ある

第1章 序論

土地で営まれている暮らし方が時間をかけて造り出して来た物的要素の集合体であり、風土にあった最適解のひとつだからだ。」、さらに、正本[114]は「それぞれの地域には、地形・風土、政治・経済的変化、産業や生活の営みを反映して多様な市街化歴をもつ都市空間が形成され、その過程以で、生み出されてきた地域固有の町割や建築様式によって構成される地域固有の都市空間とそこでの生活文化のことである。」と定義している。

　本研究では、歴史的環境を、「現代における日常生活の一部として、歴史上作り出された物的要素または要素群を主として、時代に応じて変化しつつ形成してきた環境」と定義する。歴史的環境は、それが存する地域の社会、生産、生活文化の変遷を反映する。本論における文化財や文物等歴史的文化遺産等は、すべてこの歴史的環境の中に含まれている。

1.6.4　保護、保全、保存

　「保護」とは、広辞苑[110]によると「気をつけてまもること。かばうこと。」、「保全」とは、「保護して安全にすること。」、さらに、「保存」は、「そのままの状態を保って失わないこと。原状のままに維持すること。」とされる。

　建築・都市計画分野においては、西村[9]によると、「保全」は建造物や都市構造の歴史的な価値を尊重し、その機能を保持しつつ、必要な場合には適切な介入をおこなうことによって現代に適合するように再生・強化・改善することも含めた行為を指す。場合によっては復元等の再建も含まれる。「保存」は建造物や都市構造の文化財的価値を評価し、これを現状のままに、あるいは必要な場合には現状と同様の素材を用いた最低限の構造補強等をおこなって、対象の有する特性を凍結的に維持していくことを指す。「保護」という語を「保全」及び「保存」へ向かう活動全般を指す一般的かつ包括的な用語としている。

　本研究では、城壁を中心とした歴史的環境を対象とし、現状のままに維持することではなく、将来をむけて城壁の機能を保持し、社会的、文化的価値を高めつつ、再生・改善していくことを求める意味で、「保全」という言葉を使用する。但し、「文化財保護」を論じる際は、すでに法律用語として定着しているため、文化財や文物を言及する際に「保護」を使用する。

参考文献

1) ルイス・マンフォード著，生田勉訳：歴史の都市　明日の都市，新潮社，1969

2) 楊国慶，王志高：南京城墻志，鳳凰出版社，2008（中国語）

3) 成一農：中国古代城市城墻史研究総述，中国史研究動態，01，pp.20-25，2007（中国語）

4) 馬正林：論中国城墻的起源，人文地理，Vol.8，No.1，pp.1-7，1993（中国語）

5) 馬正林：論城墻在中国城市発展中的作用，陝西師大学報哲学社会科学版，Vol.23，No.1，pp.102-107，1994（中国語）

6) 呉瑞：国内外文物古跡保護理論的形成與発展，蘭台世界，01，pp.80-80，2009（中国語）

7) 文化財保護委員会編集：文化財保護の歩み，大蔵省印刷局，1960

8) 王景慧，阮儀三，王林：歴史文化名城保護理論與規劃，同済大学出版社，1999（中国語）

9) 西村幸夫：都市保全計画，東京大学出版会，2004

10) ICOMOS 公式ホームページ，http://www.icomos.org/en/about-icomos/mission-and-vision/history（参照2013.10.20）

11) UNESCO 公式ホームページ，http://en.unesco.org/about-us/introducing-unesco（参照2013.10.20）

12) オースト・ドラクロワ著，渡辺洋子訳：城壁にかこまれた都市－防御施設の変遷史－，井上書院，1983

13) 杉本憲司：中国古代を掘る　城郭都市の発展，中公新書，1986

14) 愛宕元：中国の城郭都市　殷周から明清まで，中公新書，1991

15) 王少華：明代南京城墻的建造，現代城市研究，04，pp.11-14，1995（中国語）

16) 葛維成，楊国慶，葉揚：イタリア・ルッカ城墻的歴史與保護，中国文化遺産，041，pp.98-106，1995（中国語）

17) 久保田和男：北宋首都開封の城壁について～神宗の外城修築を中心として～，長野工業高等専門学校紀要，39，pp.69-80，2005

18) 高柳伸一：ララチェの城壁の実施案が成立する経緯：フェリペ3世のスペインによるアフリカ北西部における軍事拠点作り（1），日本建築学会計画系論文集，623，pp.227-234，2008

19) 李立，閻莉：南京明城墻的歴史演変，学理論，20，pp.126-128，2009（中国語）

20) 于淼，馬凱：中国城市建設史中的城墻，建築設計管理，01，pp.40-42，2008（中国語）

21) 黄蘭翔：台湾新竹城における城壁の形成について，日本建築学会計画系論文報告集，438，pp.97-107，1992

22) J・E・カウフマン /H・W・カウフマン共著，ロバート ・M・ ジャーガ作図，中島智章訳：中世ヨーロッパの城塞　攻防戦の舞台となった中世の城塞、要塞、および城壁都市，マール社，2012

23) Stephen Turnbull：Chinese Walled Cities 221BC-AD1644, Osprey Publishing, 2009

24) 楊宏烈：論城墻保護与園林化，中国園林，14，pp.4-8，1998（中国語）

25) 付暁渝：中国古城墻保護探索，北京林業大学博士論文，2007（中国語）

26) 李玉堂，潘琴：城市意象之城壁情結—荊州古城墻価値及保護策略分析，華中建築，24，pp.128-130，2006（中国語）

27) 沈承寧：論南京城墻之歴史価値与世界文化遺産之申報，現代城市研究，06，pp.47-55，2007（中国語）

28) 周琦，王為：南京明城墻保護和利用的設想，建築与文化，09，pp.24-27，2008（中国語）

29) 周琦，王為：南京明城墻改造構想，建築与文化，09，pp.28-29，2008（中国語）

30) 李兵：建国后西安明城墻的保護歴程及其启示，四川建築，01，pp.10-12，2009（中国語）

31) 薛凱，陳薇：南京明城墻保護及其相関植物，建築与文化，02，pp.92-95，2010（中国語）

32) 徐旺佑，韓三建：国史跡邑城における城壁の復元と整備に関する考察：韓国における史跡の保存整備の動響と特徴に関する研究 その1，日本建築学会計画系論文集，630，pp.1839-1845，2008

33) 斉佩文：論南京市明城墻風光帯的開発，江蘇林業科技，s1，pp.14-18，1998（中国語）

34) 劉正平：南京明城墻風光帯規劃，城市規劃，04，pp.65-69，2001（中国語）

35) 曹新響，瞿鴻模，梁留科：開封古城墻旅游開発的設想，現代城市研究，05，pp.73-76，2003（中国語）

36) 馮囡，青鋒：談西安西城門内側公共空間的営造，新建築，01，pp.58-61，2004

（中国語）

37） 周琦，王為：重拾被遺忘的時光－南京明城墻改造概念設計，建築与文化，10，pp.41-44，2008（中国語）

38） 周宇，張暁莉，邢琰：城市線性開放空間的生長研究―以南京明城墻地带為例，北京規劃建設，04，pp.95-98，2006（中国語）

39） 陳緒冬：南京明城墻風光带保護開発中的道路規劃，城市規劃，04，pp.70-73，2001（中国語）

40） Sylvie Ragueneau，刘健：パリ：城墻内外的城市発展，国外城市規劃，Vol.18，No.4，pp.37-41，2003（中国語）

41） 馬海涛，秦耀辰：論城墻対城市建設的影响―以開封城墻為例，城市問題，04，pp.42-46，2007（中国語）

42） 陳薇，楊俊：囲与穿―南京明城墻保護与相関城市交通発展的探討，建築学報，09，pp.64-68，2009（中国語）

43） 浅野聡，戸沼幸市：台湾における歴史的建造物・歴史的環境の保全に関する研―究法規体系及び執行体系について，都市計画論文集，25，pp.451-456，1990

44） 浅野聡：台湾における歴史的建造物・歴史的環境の保全制度とその運用状況に関する研究，都市計画論文集，27，pp.7-12，1992

45） 林美吟，浅野聡，浦山益郎：台湾における集集大震災後の歴史的環境保全制度の改正及び現状に関する研究：文化資産保存関連法を中心に，日本建築学会計画系論文集，573，pp.125-131，2003

46） 浅野聡：日本及び台湾における歴史的環境保全制度の変遷に関する比較研究：文化財保護関連法を中心にして，日本建築学会計画系論文集，576，pp.223-230，2004

47） 西村幸夫：英国都市計画における歴史的環境保全のための地区制度の展開，日本建築学会計画系論文報告集，422，pp.53-67，1991

48） 林宜徳，畔柳昭雄：中国山東省烟台市における歴史的建造物の保護制度に関する研究：アジアの歴史的文化遺産の保護に関する調査研究 その1，日本建築学会計画系論文集，462，pp.137-146，1994

49） 藤崎浩治：歴史的町並み保全と建築規制に関する研究―橿原市今井町伝統的建造物群保存地区における建築基準法の緩和措置の検討を通じて，都市計画論文集，29，pp.547-552，1994

25

50) 三島伸雄：ウィーン市の歴史的景観保全制度の展開と市民意識に見るその役割，都市計画論文集，31，pp.217-222，1996

51) 葉華，浅野聡，戸沼幸市：中国における歴史的環境保全のための歴史文化名城保護制度に関する研究：名城保護制度の枠組みの整備過程の特徴と課題，日本建築学会計画系論文集，494，pp.195-203，1997

52) 窪田亜矢，西村幸夫：ニューヨーク市におけるヒストリック・ディストリクトの経年的変遷に関する研究，都市計画論文集，35，pp.715-720，2000

53) 窪田亜矢，西村幸夫：アメリカ合衆国におけるヒストリック・ディストリクト制度の現状の法的論点に対する考察，日本建築学会計画系論文集，539，pp.203-208，2001

54) 窪田亜矢，西村幸夫：アメリカ合衆国におけるヒストリック・ディストリクト制度の法的論拠の確立に関する研究，日本建築学会計画系論文集，539，pp.195-201，2001

55) 梅津章子：アメリカにおける交通政策と歴史的環境保全の関係についての研究―1991年総合陸上輸送効率化法の制定を受けて―，都市計画論文集，35，pp.151-156，2000

56) 宇高雄志，リー ライチューマロン：シンガポールの歴史的市街地の保存における保存ガイドラインの運用実態，日本建築学会計画系論文集，556，pp.257-264，2002

57) 宇高雄志：マレーシアにおける歴史的市街地の保全：その現状と制度整備上の課題，日本建築学会計画系論文集，584，pp.91-97，2004

58) 和田幸信：フランスにおける歴史的建造物の周囲の景観保全に関する研究：フランス建造物監視官（ABF）の役割を中心に，日本建築学会計画系論文集，596，pp.131-138，2005

59) 井川博文：ドイツにおける面的記念物保護制度の研究：ヘッセン州とノルトライン＝ヴェストファーレン州を中心として，日本建築学会計画系論文集，608，pp.219-225，2006

60) 銭威，岡崎篤行：北京における歴史的環境保全制度の変遷並びに現在の構成，日本建築学会計画系論文集，627，pp.1007-1013，2008

61) 境野飛鳥，斎藤英俊，大和智夫：GHQ/SCAP文書内の文化財保護法草案・法案の分析・考案―文化財保護法の成立過程に関する研究（その１），日本建築学会計画系論文集，647，pp.253-261，2010

62) 堀裕典，小泉秀樹，大方潤一郎：バンクーバー市における容積移転制度の運用実態について：都心における歴史的建築物保全の視点から，都市計画論文集，45，pp.39-44，2010

63) 清野隆，安田成織，土肥真人：横浜市認定歴史的建造物制度の「保全活用計画」の景観的価値にみる参照関係―単体保存制度によるグループとしての歴史的建造物の保全活用の可能性，日本建築学会計画系論文集，657，pp.2755-2762，2010

64) 吉田正二，山田智子：フランス保護領下・モロッコにおける文化財保護の法制度―モロッコにおける歴史的環境保全の展開，日本建築学会計画系論文集，663，pp.1037-1043，2011

65) 青柳憲昌，岩月典之，藤岡洋保：文化財保護法制定後の国宝建造物指定方針と戦後の「国宝」概念の形成，日本建築学会計画系論文集，678，pp.1997-2005，2012

66) 李榮蘭，齋藤榮，桝田佳寛，小西敏正：重要文化財建築物の動態保存における維持管理の現状と運営方策に関する研究，日本建築学会計画系論文集，682，pp.2905-2910，2012

67) 渡辺定夫，西村幸夫：全国に分布する歴史的環境の実態とその問題点，日本建築学会論文報告集，312，pp.109-114，1982

68) 西村幸夫：建造物の保存に至る明治前期の文化財保護行政の展開：「歴史的環境」概念の生成史 その1，日本建築学会論文報告集，340，pp.101-110，1984

69) 西村幸夫：明治中期以降戦前における建造物を中心とする文化財保護行政の展開：「歴史的環境」概念の生成史 その2，日本建築学会論文報告集，351，pp.38-47，1985

70) 西村幸夫：土地にまつわる明治前期の文化財保護行政の展開：「歴史的環境」概念の生成史 その3，日本建築学会論文報告集，358，pp.65-74，1985

71) 西村幸夫：「史蹟」保存の理念的枠組みの成立：「歴史的環境」概念の生成史 その4，日本建築学会論文報告集，452，pp.177-186，1993

72) 田畑貞寿，宮城俊作，内田和伸：城跡の公園化と歴史的環境の整備，造園雑誌，53(5)，pp.169-174，1990

73) 吉田正二：モロッコ・フェズにおける歴史的環境の保全について：メディナ保全の歴史的展開と今日の課題，日本建築学会計画系論文集，520，pp.247-253，1996

74) 徐旺佑：近世城郭の文化財保護と保存・活用の変遷に関する考察―歴史的記念物の保存・活用の変遷に関する研究（その1），日本建築学会計画系論文集，643，pp.2133-2138，2009

75) 平賀あまな，斎藤英俊：「武力紛争の際の文化財保護のための条約（1954年ハーグ条約）」成立の経緯と日本の関与：国際社会における文化財保護と日本その1，日本建築学会計画系論文集，588，pp.195-201，2005

76) 平賀あまな，斎藤英俊：「武力紛争の際の文化財保護のための条約（1954年ハーグ条約）」成立過程の議論にみられる日本の役割：国際社会における文化財保護と日本 その2，日本建築学会計画系論文集，608，pp.211-218，2006

77) 平賀あまな，斎藤英俊：「武力紛争の際の文化財保護のための条約（1954年ハーグ条約）」批准に向けた日本の活動：国際社会における文化財保護と日本その3，日本建築学会計画系論文集，628，pp.1409-1415，2008

78) 藤岡麻理子，平賀あまな，斎藤英俊：1954年ハーグ条約に基づく履行状況報告書とその内容：「武力紛争の際の文化財の保護に関する条約」の履行状況とその課題 その1，日本建築学会計画系論文集，626，pp.897-903，2008

79) 藤岡麻理子，平賀あまな，斎藤英俊：1954年ハーグ条約の定める軍隊の組織，規則，命令等に関する規定の履行状況：「武力紛争の際の文化財の保護に関する条約」の履行状況とその課題 その2，日本建築学会計画系論文集，629，pp.1657-1664，2008

80) 藤岡麻理子，平賀あまな，斎藤英俊：1954年ハーグ条約に基づく軍隊に対する文化財保護の教育と普及―「武力紛争の際の文化財の保護に関する条約」の履行状況とその課題（その3），日本建築学会計画系論文集，642，pp.1935-1943，2009

81) 高橋暁：文化遺産危機管理とユネスコ国際条約の統合的運用に関する研究―1954年ハーグ条約，1970年文化財不法輸出入等禁止条約，1972年世界遺産条約を中心に，日本建築学会計画系論文集，642，pp.1945-1950，2009

82) 高橋暁：武力紛争の際の文化財の保護に関する条約第二議定書運用指針作成に関する考察―文化遺産危機管理とユネスコ条約の連携，日本建築学会計画系論文集，653，pp.1787-1792，2010

83) 江口久美：20世紀初頭の古きパリ委員会による歴史的記念物保全への都市的視点の導入に関する研究：考古学的・芸術的目録を対象として，都市計画論文集，45，pp.355-360，2010

84) 菅野博貢，高田誠マルセール，矢込祐太：在外華僑による歴史的建造物群の形成過程とその現状，及び今後の保全のあり方についての考察―中国広東省台山市梅家大院をケーススタディとして，日本建築学会計画系論文集，657，pp.2679-2686，2010

85) 阿部祐子：シアトルの歴史地区におけるコミュニティ保全思想の提起とその背景，日本建築学会計画系論文集，668，pp.2027-2032，2011

86) 岸田比呂志：都市デザイン活動における歴史的建造物の保全活用の意義―横浜市における都市デザインの活動から―，都市計画論文集，33，pp.253-258，1998

87) 郭東潤，北原理雄：中心市街地における歴史的環境保存運動の展開とそのプロセスに関する研究：韓国ソウル市・仁寺洞地区を中心に，都市計画論文集，37，pp.1123-1128，2002

88) 亀井由紀子：歴史的環境保全地区における住民活動の機能評価に関する研究：橿原市今井町重要伝統的建造物群保存地区を事例として，日本建築学会計画系論文集，670，pp.2381-2386，2011

89) 片山律，藤澤裕：歴史的都市の都市景観評価と計画手法に関する研究：鎌倉市の都市景観保全と建築高度規制に関する研究，都市計画論文集，30，pp.259-264，1995

90) 片山律：歴史的都市における都市景観評価と計画手法に関する研究―山並み眺望景観の保全と建築高度規制に関する研究・京都市，奈良市，鎌倉市―，都市計画論文集，32，pp.25-30，1997

91) 井川博文：ドイツにおける記念物周囲の保護手法について―ドイツの記念物保護手法の研究 (2)，日本建築学会計画系論文集，645，pp.2571-2578，2009

92) 梅津章子，西村幸夫：米国における歴史的環境保全の経済的側面について：メインストリート・プログラム（その１），日本建築学会計画系論文集，537，pp.279-285，1999

93) 梅津章子，西村幸夫：米国における歴史的環境保全とその社会的経済的価値についての研究：メインストリート・プログラム（その２），日本建築学会計画系論文集，520，pp.227-233，2000

94) Nisreen ZAHDA, Yuichi FUKUKAWA : Saving the Old Market of a Divided City : Assessing HRC regeneration project in the occupied section of Hebron city, J.Archit.Plann., AIJ, 625, pp.625-631, 2008

95) 安田梢，平賀あまな，斎藤英俊：ボロブドゥール遺跡修復事業の概要と技術諮問委員会について—国際協力によるボロブドゥール遺跡修復事業（その１），日本建築学会計画系論文集，650，pp.979-987，2010

96) 安田梢，平賀あまな，斎藤英俊：修復方針決定までの議論：国際協力によるボロブドゥール遺跡修復事業（その２），日本建築学会計画系論文集，677，pp.1801-1807，2012

97) 遠藤新：米国における歴史保全地役権プログラムに関する研究，日本建築学会計画系論文集，652，pp.1517-1524，2010

98) 岡村祐：英国における歴史まちづくり事業タウンスケープ・ヘリテイジ・イニシアチブの制度的特徴と運用実態，都市計画論文集，46，pp.187-192，2011

99) 張瀟，柴田祐，澤木昌典：商業活性化を目的とした里院の保全・再開発に関する研究：中国・青島市劈柴院再開発事業を対象に，日本建築学会計画系論文集，671，pp.47-56，2012

100) 宮脇勝，西村幸夫：イタリアにおける風景計画の展開：イタリアにおける歴史的環境保全計画に関する研究 その１，日本建築学会計画系論文集，466，pp.123-132，1994

101) 張松，西村幸夫：上海外灘歴史地区の景観保全計画に関する研究，日本建築学会計画系論文集，496，pp.125-130，1997

102) 林美吟，浅野聡，浦山益郎：台北市大稲埕地区における歴史的環境保全計画に関する研究，日本建築学会計画系論文集，592，pp.123-130，2005

103) 沈暘，蔡凱臻，張剣葳：事件性與革命旧址類文物保護単位保護規劃—紅色旅遊発展視角下的全国重点文物保護単位保護規劃，建築学報，12，pp.48-51，2006

104) 呉美萍：全国重点文物保護単位的保護規劃與旅遊規劃関係問題研究，旅遊学研究，04，pp.194-197，2007

105) 鳥海基樹，村上正浩，後藤治，大橋竜太：フランスに於ける公開文化財建造物の総合的安全計画に関する研究：安全性能規定の体系，公的安全マニュアル，ルーアン大聖堂に於ける検証とモデル化，日本建築学会計画系論文集，627，pp.923-930，2008

106) 王涛：文物保護単位保護規劃中保護範囲和建設控制地帯的劃定和分級，東南文化，02，pp.23-26，2010

107) 平澤毅：名勝の保存管理計画策定に関する考察，ランドスケープ研究，74（5），

pp.717-720, 2011

108) 張杰，龐駿：旅遊視野下文物保護単位保護規劃常態抗辯－兼論文物保護単位保護規劃的制度創新，規劃師，11，pp.102-107，2011

109) 中国社会科学院語言研究所辞典編輯輯室編：新華字典　第11版，商務印書館，2011

110) 新村出編：広辞苑　第四版，岩波書店，1993

111) 彰国社編：建築大辞典　第2版，彰国社，1993

112) 西村幸夫：歴史的環境の「残り方」に関する予備的考察：城下町に残る歴史的環境の検討，日本建築学会大会学術講演梗概集，計画系 56（都市計画・建築経済・住宅問題），pp.1657-1658，1981

113) 窪田亜矢，西村幸夫：歴史的環境の今日的解釈についての研究：旧鉱山町・相川での提案，日本建築学会大会学術講演梗概集．F，都市計画，建築経済・住宅問題，建築歴史・意匠 1993，pp.183-184，1993

114) 正本彩子，小浦久子：通り景観における歴史的環境特性の持続に関する研究：京都都心地区の景観のまとまり調査より，日本建築学会計画系論文集，567，pp.75-80，2003

第 2 章

欧州と中国における城壁都市の保全実態から見る南京城壁の特徴

第2章　欧州と中国における城壁都市の保全実態から見る南京城壁の特徴

2.1　はじめに

2.1.1　研究の背景

（1）　城壁都市の起源

　都市住居は、ペルシア湾に注ぐティグリス川とユーフラテス川の流域であるメソポタミア地域から発祥したといわれる。紀元前4400頃、イラク第2の都市モスル附近にあるハッスーナ Hassuna で粘土の壁体を築く住居の集落が存在した。紀元前4000年頃から前3500年にかけて日乾煉瓦の壁をもつ住居が築かれるようになり、ウルク時期（前3400～3100頃）になると、イラクのモスルに近いテル・サラサート等の遺構から、町の周囲に防御用と思われる簡単な周壁が現れた。これは城壁都市の原型であるといわれている。そして、その後、さらに硬く丈夫な焼成煉瓦が製造されるようになり、バグダード附近にあるカファジャ市（前2500頃）とテル・アグラブ市（前2700頃）の城壁の重要な場所に焼成煉瓦が使われるようになった[1)2)]（図2-1）。

　現存する城壁都市の遺構で最も古いのは、ユーフラテス川の下流に発達した都市国家ウル（紀元前3000年～2000年）の遺構である。

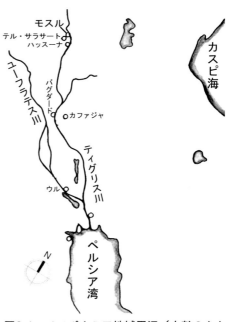

図2-1　メソポタミア地域周辺（文献2をもとに作成）

城壁に囲まれた市街地の内側にさらに内城壁を廻らして宮殿と聖域を包む。南北約1200m、東西約700mの大きさであり、全体楕円形の城壁によって囲まれていた。この約100haの城壁都市に数万の住民が住んでいた[1]（図2-2）。

メソポタミア地域では、紀元前3000年前から町に周壁が廻らされ、前2000年以前には各地に大規模な城壁都市が建造された。その後、大都市から小都市に至るまで、殆どの都市が城壁を廻らして武装するようになった。一方、早くから繁栄した古代エジプトでは、城壁らしいものは殆ど見られなかった。その理由として、古代エジプトでは国土全体が砂漠によって囲まれ、単一民族であったことがあげられる。外部か

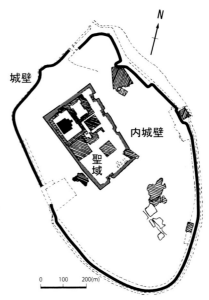

図2-2　城壁都市ウルの平面図（文献2をもとに作成）

らの異民族による侵略や内部の紛争等が少なく、都市全体を廻らす城壁を造る必要がなかったのである。メソポタミア地域は民族間の対立があり、極めて複雑である。主流のアラビア人を代表するセム族の中にも、バビロニア人、ヘブライ人、アッシリア人等の数種の民族がいる。セム族以外の民族からの脅威も存在し、紛争を繰り返していた。このような状況下の都市は、城壁を廻らし全面的な防備を固めねばならなかった[2]。

（2）欧州における城壁都市の起源と発展

　民族間の紛争はメソポタミア地域ばかりでなく、ヨーロッパにおいても同じである。

　西洋文明の基を開いたギリシア人は、本来は北方からの移住民であり、元来好戦的な民族であり、土着の先住民を征服してギリシア半島に定着した。彼らは築城を得意とした。ミュケナイ Mikenes 時代（前1600年頃〜前1200年頃）に、

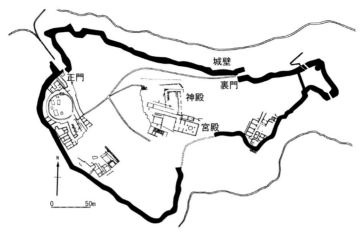

図2-3　城壁都市ミュケナイの平面図（文献2をもとに作成）

　ギリシア半島の先端のミュケナイやチリンスを中心とした地域でギリシア人が築いた城壁がヨーロッパで初めて出現した。その代表的遺構はアテネの西約130kmにある城壁都市ミュケナイである。その平面は不整三角形で、長径が約400m、短径が約250mである。堅固な石積みの城壁を廻らして、西北に正門を開き、東北に裏門を持ち、中央部に宮殿と神殿を構えた（図2-3）。

　ローマ時代になると、西欧からオリエントに至る国々を征服し、見曾有の大国であるローマ帝国を築き上げた。築城技術も発達し、城壁から塔、さらにキープ（天守）を中心とする巨大な塔まで築かれるようになった。その代表的な都市は、城壁の規模が最大のローマであった。ローマ市に本格的な城壁ができたのは、前6世紀にセルウィウス Servius 帝（紀元前578年〜前535年）の時代に築かれたものであり、セルウィウス城壁と呼ばれている。壁の高さは最高約10mで、幅は3.6m前後、全周は約11kmであり、16の大門を設けた。その後、ローマ市の人口はさらに増加し、城壁の外に新市を形成するようになった。アウレリアヌス Aurelianus 帝（紀元270〜275年）の時代、セルウィウス城壁の外周にアウレリアヌス城壁と呼ばれる大規模な新城壁を築造した。アウレリアヌス城壁の全周は19km以上に及び、幅は3.5m〜4m、高さは約8mであった。正式的な城門は、18箇所であり、他に数多くの小門が設けられた（図2-4）。

第2章 欧州と中国における城壁都市の保全実態から見る南京城壁の特徴

図2-4　ローマの二重城壁（文献2をもとに作成）

　北方からゲルマン民族が西ローマ帝国を滅亡し、ゲルマン民族が主流となった中世になって、現在の西欧諸国の原形が形成された。中世のヨーロッパ諸国は、ローマ時代の城壁都市をそのまま利用して自分たちの基盤として活用されていた[2]。

　中世以降、火器の発展に伴い、大砲が城壁を破壊する能力の増強に応じて、城壁もより強固に整備された。それまで単純の円形または方形の高い壁を築いていた城壁都市は、より複雑な幾何形態になり、低くて背後を厚い土塁で固める城壁に変化し、さらに、要塞化の度合いを強めた[3]（図2-5、図2-6）。

　近代になると、武器の革新と都市の拡大によって、城壁の防御や都市区域を定める機能は意味を失い、城壁は不要な存在となった。ロンドン、パリ、ウィーンのような大都市では、城壁を撤去し、その跡地が環状路線になる場合が多く見られる一方で、ドイツやスペイン等においては、城壁を保全している地方小都市も多い。

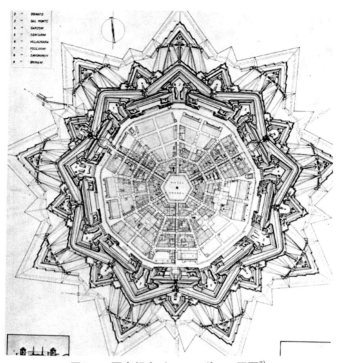

図2-5　要塞都市パルマノヴァの平面[3]

図2-6　要塞都市パルマノヴァの航空写真[3]

（3）中国における城壁都市の起源と発展

　古代中国では、民族間の紛争や王朝の交替による戦争が頻繁に発生し、古くから都市の周辺に城壁を廻らして防御していた。中国における城壁の建造は、龍山文化期（BC2900-BC2100）に始まったといわれる。発見された城壁都市の遺構は、殆ど黄河流域に集中しており、その代表的な城壁都市の遺構は、河南省登封県告成鎮にある王城崗遺址である。この遺址はほぼ方形の同規模の東西二城からなり、東城の西壁と西城の東壁とを共有する構造となっていた。現存する城壁の基礎部の規模は、西城の西壁が94.8m、南壁が97.6m、北壁残部が29m、東壁残部が65mであり、東城では南壁残部の40m以外は、後世に全て破壊されている[4)5)]（図2-7、図2-8）。

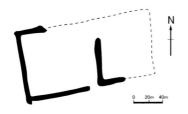 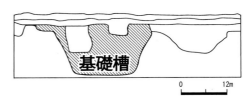

図2-7　王城崗遺址の平面（文献5をもとに作成）　　図2-8　王城崗遺址基礎槽の断面（文献5をもとに作成）

　西周時代（BC1046-BC771）になると、周王一族や功臣等が軍事上、交通上の要地等の領地に城壁都市を築造した。これ以降、城内に住む住民全体を守る城壁を築造することが一般的になり、いわゆる都市国家が形成された。春秋戦国時代（前770年～前221年）になると、戦争が相次いで起こり、戦争により破壊された城壁の修復や拡大等による築城が増加した。

　その後、秦王朝が分裂された国々を統一し、中国歴史上初の大帝国（前221年～前207年）を築いた。その後、漢（前206年～紀元220年）、晋（265年～420年）、隋（581年～618年）、唐（618年～907年）、宋（960年～1127年）と、王朝が交替した。この時期、城壁都市の建造技術は発展し、封建礼制や風水思想の影響により、城壁は、防御機能と共に、統制の秩序や王権を象徴するようになったため、大規模な城壁都市が次々と登場した。その代表は、唐の首都の長安で

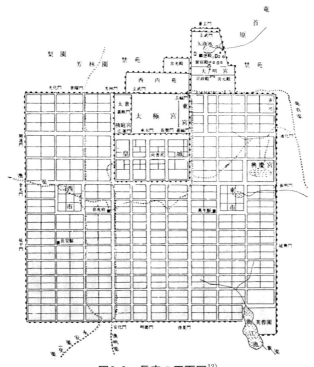

図2-9 長安の平面図[12]

ある。長安は、宮城、皇城、羅城の三重の城壁をもつ構造であり、面積は約8,300ha、人口は100万人を超えた。羅城の城壁は、都市の全体を囲み、東西は約9,700m、南北は約8,600mである。全周は約36kmであり、12の城門が設けられた（図2-9）。

　遊牧民族のモンゴル族が創立した元朝（1271年～1368年）になると、城壁は騎馬民族の彼らにとって不要であり、元朝初期に多くの都市の城壁が撤去された。その後、元朝を滅亡した明朝（1368年～1644年）の初代皇帝朱元璋は、建国前から「高築墻、広積糧、緩称王」との戦略を唱え、城壁の築造を重視した。築城は、中国歴史上、明朝時代に最も盛んとなり、今日の殆どの城壁は明朝時代に築造されたものである[6]。

　清朝（1644年～1912年）になると、城壁に対する修復や補強が主となり、新

築は少なくなった。清朝後期、西洋諸国による砲撃の前に、城壁の防御機能は殆ど無力であり、城壁の歴史的使命が終焉を迎えた。その後、中華民国時代（1912年〜1949年）から新中国の建国（1949年）まで続いた戦争と、文化大革命期間中の伝統的なもの、歴史的なものを否定する旧物破壊運動により、多くの城壁が失われた。

(4)　日本の城郭

　日本は海に囲まれた島国であり、元寇（1274年，1281年）を経験したものの、それ以外に外国の侵略をうけたことはなかった。国内戦においても、一般的には武士集団間の戦いであり、山地が国土の大半を占めることなどから、中世には山城が発達したものの、都市全体を守る城壁は設けられず、城主の居城を中心に濠や石垣が設けられた。近世になり、城が単なる軍事拠点だけでなく政治的拠点としての役割を持つようになり、城下町の形成を見込んで平野部に城が築かれるようになった。平野部では、周辺に住む家臣団を守るために、城郭の主要部を囲む城壁や堀のさらに外側に、城下町を防御する堀や土塁、河川等で構成された防衛線を有する「総構え」が設けられるようになった。しかし、この総構えは、主に車馬の通行を阻止し、弓矢や鉄砲の攻撃を防ぐ機能をもつに留まり、欧州や中国に見られる城壁と城門のような完全に進入をコントロールするまでの完成度はなく、城壁都市が形成されたわけではなかった。

(5)　城壁都市の保全

　今日では、グローバリゼーションにおける地域文化や特色の保全は重要な課題となっている。歴史的環境は重要な地域資源として重視され、世界各国において保全に関する取組みが行われている。その際、戦争や都市開発の波の下に残された城壁の歴史的価値が再認識され、特に古代都市の形成や現代都市の構造に対する影響の面から、城壁都市は評価され、地域資源として保全しようという考えから、城壁の保全に取り込む都市が多く見られるようになった。これらの都市において、社会背景、文化、経済状況、都市規模等にはそれぞれ差があり、城壁保全に関する課題も異なる。

　欧州では、世界に先駆けて歴史保全に取り組んでおり、中世に築かれた城壁

を保全し世界遺産に登録された都市が多く見られる。一方、発展途上国である中国では、近年になり、歴史保全に積極的に取り組むようになり、城壁保全に関する数多くの議論がなされ、世界遺産の登録を目指す都市も出てきた。中国における城壁都市は、先進事例である欧州の城壁都市における保全に関する方針や手法を参考にしつつ、自らの都市の特徴を十分に生かした保全の方針や手法を確立する必要がある。

2.1.2　研究の目的

　本章は、城壁都市における城壁の保全の実態を明らかにするとともに、現存する城壁都市の多い欧州と中国に着目し、両地域の城壁都市の実態及び空間的特徴を比較した上で、南京城壁の位置づけと特徴を明らかにする。具体的に以下の3点について考察・分析を行う。
　（1）欧州と中国の代表的な城壁都市における城壁空間の特徴と差異
　（2）城壁都市の保全類型と課題
　（3）南京城壁の位置づけと特徴

2.1.3　研究の方法

　本研究では、城壁都市の定義を踏まえ、研究の対象とした都市の基準は、（1）現存する城壁の長さが破壊された部分を含む元の長さの50%以上であること、（2）現在も都市として継続し、城壁に囲まれた地区に一般的な都市生活が営まれていること、（3）現存する城壁の全てが再建したものでないこと、の3点である。
　まず、世界における城壁都市の保全実態を明らかにするために、文献調査やインターネットを活用した検索作業により、城壁の存在する都市をリストアップし、対象地の選定基準に従って行政のホームページやGoogle earth等のウェブサイトで研究対象都市を選定する。
　つぎに、選定された都市の市役所または議会の都市計画部門等に依頼文書を発送し、（1）都市の人口、（2）城壁の築造年代、（3）元の長さ、（4）現存する

長さ、（5）元の城門数、（6）現存する城門数、（7）平均高さ、（8）幅、（9）面積、（10）城壁保全部門の有無、（11）城壁保全計画の有無に関する情報の提供を依頼し、城壁都市に関する資料を収集する（図2-10）。

さらに、得られた資料をデータ化し、城壁の残存形態、城壁と市街地の隣接関係、新旧市街地の位置関係、旧市街地（城壁が囲む地域）の保全方式等を考察した上で、欧州と中国の48城壁都市の空間、形態に関わる要素を利用し、クラスター分析を用いて城壁都市をグルーピングし、それぞれのグループの特徴を踏まえた今後の保全に関する方針について分析する。

最後に、以上の考察をもとに、南京城壁の位置づけと特徴を考察する。

2.1.4　既往研究

城壁都市に関する研究として、都市の発展史における城壁の起源と発展を考察したL. Mumfordの研究[7]、城壁は社会の発展、武器の革新とともにその変遷過程を明らかにしたHorst D. L. Cの研究[3]、城壁都市の発達、特にヨーロッパの古城を考察した太田の研究[2]、考古的視点から中国古代の古城の建造を考察した杉本の研究[8]、中国の殷周時代から明清時代まで各時代に建造した代表的城壁を考察した愛宕の研究[5]、中国の都市発展史における城壁の起源や役割を探求した馬の一連の研究[4][9]、イタリア・ルッカ市の城壁の建造と発展史を紹介した葛らの研究[10]、スペイン・ララチェの城壁の実施案が成立する経緯、その成立背景等を検討した高柳の研究[11]、パリの城壁の変遷からみた城壁が都市の発展及び城壁周辺空間に与える影響を論じたS. Ragueneauらの研究[12]、中国の都市建造史における城壁の建造を考察した于らの研究[13]、中世ヨーロッパにおける城塞および他の囲まれた防御物の起源および発展の分析、それらの主要コンポーネントの詳細な記述およびそれらの最終的な衰退の理由を考察したJ. E. Kaufmannらの研究[14]、中国における城壁の築造理念、防御システムを考察し、主要な城壁都市の築造と変遷を紹介したS. Turnbullの研究[15]等がある。これらの研究は主に歴史学の視点から、欧州または中国の城壁都市の起源、変遷、構造的特徴等を考察しているが、城壁都市の保全類型や空間的特徴を比較する研究は未だ見られない。

44

2.2 城壁都市の保全実態

2.2.1 資料の収集

　文献[2)3)16)-18)]等から城壁の存在する780都市をリストアップし、対象地の選定基準に従って行政のホームページやGoogle earth等のウェブサイトで確認した後、178都市を選定した。そのうち、91%はアジア（42都市）と欧州（120都市）に集中している。欧州の城壁都市は、中欧のドイツやオーストリアに集中しており、イタリアの北部、フランスとオランダの北部沿海にも多く見られ、最も多い国がドイツ（34都市）である。アジアでは殆ど中国に集中しており、34都市がある。アメリカ大陸においては、3都市しか残存していない。アフリカ北部のモロッコ（9都市）とチュニジア（3都市）等に城壁都市が存在する（図2-10）。

　確認された城壁都市の存在する市役所や議会の都市計画部門に依頼文書を発送し、（1）人口数、（2）城壁の築造年代、（3）元の長さ、（4）現存する長さ、（5）元の城門数、（6）現存する城門数、（7）平均高さ、（8）幅、（9）面積、（10）城壁保全部門の有無、（11）城壁保全計画の有無に関する情報の提供を受け、欧州24都市と中国24都市の合計48都市の城壁に関するデータを収集し、研究対象都市とした。

2.2.2 城壁都市の代表性分析

　選定された欧州120城壁都市と中国34城壁都市における行政のホームページやGoogle earth等のウェブサイトで検索作業を行い、現存する城壁の長さ、都市の総面積、総人口、都市の地理分布の4つの指標を用いて、研究対象とした欧州24都市と中国24都市の母集団との比較を行なった。

　研究対象とした欧州と中国の城壁都市は、4つの指標において、選定された城壁都市とほぼ同じ傾向である（図2-11）。

第2章 欧州と中国における城壁都市の保全実態から見る南京城壁の特徴

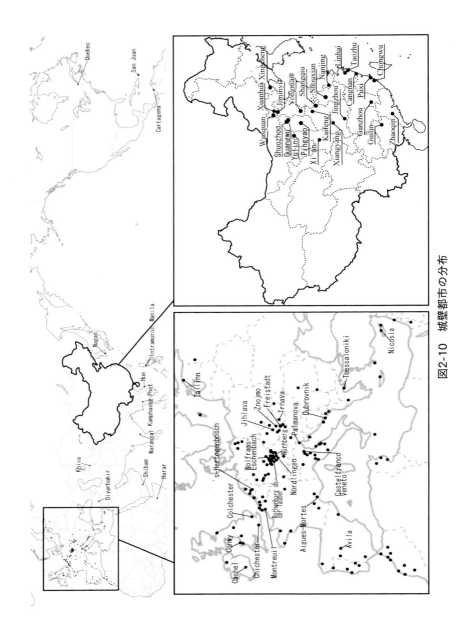

図2-10　城壁都市の分布

46

欧州における城壁都市の選定

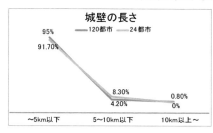
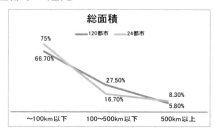
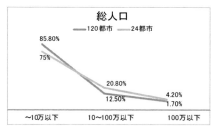
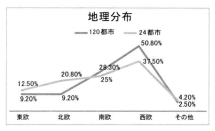

中国における城壁都市の選定

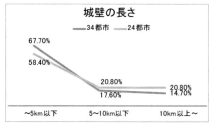
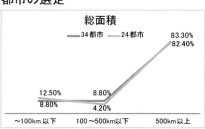
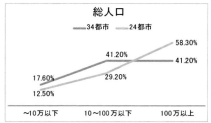
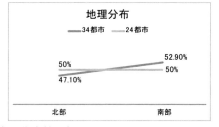

図2-11 城壁都市の代表性分析

2.3 欧州と中国の城壁都市

2.3.1 欧州の城壁都市

　対象とした24の城壁都市のうち、20都市（80%）は中世以降に築かれた。城壁には、多少の損壊がみられるが、殆どが当時の様子を保全している。最も古い城壁をもつのは、ギリシアの首都アテネに次ぐ第二の大都市のテッサロニキ Thessaloniki であり、ローマ時代における約紀元前315年から紀元4世紀後半にかけて修築、増築等を経て建造され、現在も当初の約半分程度の長さの城壁が残されている。10箇所の城門が設けられたが、現在2箇所のみ残存している（図2-12）。

図2-12　城壁都市テッサロニキ Thessaloniki
Copyright and Provenance: Hellenic Ministry of Education and Religious Affairs, Culture and Sports – General Secretariat of Culture – 9th Ephorate of Byzantine Antiquities.　　　　　　　　　　　　　　Photographer: G. Kyriakides

　現存する城壁都市は中小都市が多く、18都市（75%）は人口10万以下である。人口が最も多い都市はテッサロニキであり、約100万人である。城壁により囲まれた古城区の規模もほとんど小型で、19都市（79%）は100ha以下である。

21都市（88%）の城壁の当初の長さは5km以下であり、一番長いテッサロニキの城壁は8kmであった。現存する城壁の長さは22都市（92%）が5km以下である。イタリアのパルマノーヴァ Palmanovaの城壁は最も長く約7kmであり、最も短い城壁はドイツの Sulzfeld am Mainとアイルランドのキャッシェル Cashelであり、約0.8kmである。

　城壁の保全状態からみると、13都市（55%）の城壁は、当初の長さのまま保全されているが、そのうち、10都市（77%）は、人口5万以下の小都市にある。人口10万以上の都市では、キプロスの首都であるニコシア Nicosia（30万人）とドイツのニュルンベルク Nurnberg（50.6万人）の2都市のみが当初の長さのまま保全されている。

　12都市（50%）では、城門の数に変化がないのに対して、10都市（40%）では、城門の撤去により、減少させている。残る2都市（クロアチアのドゥブロヴニク Dubrovnikとギリシアのロドス Rhodes）では都市の発展に従って城門を新設している。城壁の幅は、2m前後の都市が多く、19都市（79%）が5m以下であり、殆どは上面まで上れることができない。最も厚い（ドイツのローテンブルク・オプ・デア・タウバー Rothenburg ob der Tauber）城壁は約8mである。城壁の高さは両極分化しており、最も高い城壁は（スペインのアビラ Avila）は26mであり、低い城壁（イギリスのチチェスター Chichester）は1.7mである（表2-1、図2-13）。

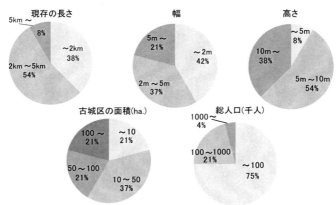

図2-13　欧州における城壁都市の特徴

49

表2-1　欧州における城壁都市の保全状況

	国	都市	建造時間	元の長さ(km)	現存の長さ(km)	現存状態	幅(m)	高さ(m)	元の城門数	現存の城門数	総人口(千人)	古城区の面積(ha)	城壁の形態
1	Greece	Thessaloniki	BC4th-AD4th	8	4	50%	3-4.7	15	10	2	1000	240	不規則
2	UK	Colchester	AD1th	2.8	1.83	65%	2.4	9	6	2	181	43	四方形
3	UK	Chichester	AD3th	2.37	1.895	80%	1	1.7	4	0	8.4	40	不規則
4	Croatia	Dubrovnik	AD7th-17th	1.996	1.996	100%	2-5	18	2	8	50	12	不規則
5	Germany	Sulzfeld am Main	AD10th	0.8	0.8	100%	1-1.5	8	4	4	1.4	7.8	不規則
6	Spain	Ávila	AD12th	2.55	2.55	100%	2.5	20-26	9	9	60	35	四方形
7	Germany	Nürnberg	AD12th	5	5	100%	2-8	7-10	7	6	506	120	不規則
8	Germany	Rothenburg ob der Tauber	AD12th	3	3	100%	8	6	5	5	11	41	不規則
9	Germany	Wolframs-Eschenbach	AD12th-16th	2.5	2	80%	1-2	10-12	2	2	3	5.5	不規則
10	Czech	Jihlava	AD13th	4.88	2.54	52%	1-2.5	6	5	1	49.954	31.6	不規則
11	Czech	Znojmo	AD13th	2.5	2.5	100%	1.5-1.7	7	4	1	34.476	70	不規則
12	France	Aigues-Mortes	AD13th	1.643	1.643	100%	1.5-3	11	10	10	8.5	17	四方形
13	Ireland	Cashel	AD13th	1.55	0.8	52%	3	6.4	5	0	11.4	14.5	不規則
14	Italy	Castelfranco Veneto	AD13th	0.92	0.92	100%	1.7	17	4	4	33	5.29	四方形
15	Slovakia	Trnava	AD13th	3	2	67%	1-2	8	4	0	69.5	56	四方形
16	UK	Conwy	AD13th	1.2	1.2	100%	1.68	9	3	3	14.208	8	不規則
17	Estonia	Tallinn	AD13th-17th	2.4	1.9	79%	3	13-16	9	4	415.416	29.54	不規則
18	Germany	Nördlingen	AD14th	2.6325	2.6325	100%	2.5-3	8	5	5	19	55	円形
19	Austria	Freistadt	AD14th	2	2	100%	1-2	4	2	2	7.482	7	不規則
20	Greece	Rhodes	AD14th-16th	4.747	4.682	98%	3-14	12-20	9	12	2.2	59.7184	不規則
21	Netherlands	s-Hertogenbosch	AD15th-16th	5.62	3.67	60%	1.5	6-7	9	0	104.06	115.88	不規則
22	Italy	Palmanova	AD16th	7	7	100%	4-6	18	3	3	5.4	200	多角形
23	Cyprus	Nicosia	AD16th	4.9	4.9	100%	4-6	7	3	3	300	165	多角形
24	France	Montreuil, Pas-de-Calais	AD16th	3	2.7	90%	3-4	6-8	2	2	2.319	50	不規則

2.3.2　中国の城壁都市

　　現存する城壁都市は、19都市（80％）が明朝時代に築かれ、4都市が宋朝時代、残る1都市（開封）が清朝時代に築かれた。最も古い城壁は浙江省の臨海市にある台州府城壁（江南長城）である。東晋時代（317年－420年）に建造され、老朽化や戦争による破壊によって、宋朝時代（1008年～1016年）に建て直した。元朝時代、各地で城壁の撤去が行われたが、この城壁は洪水を防ぐ機能を兼ねるため残された。当時の全周は約6kmで、7箇所の城門を設けたが、現在4.5kmの城壁と4箇所の城門が残存している。

　　残存規模が最大の城壁都市は江蘇省の南京市であり、明朝の最初の首都として築かれた。当時の城壁は約33kmで、13の城門が設けられた。現在は約25kmの城壁が保全されており、道路の整備のため、城門の新築によって25の城門まで増加した（図2-14）。

50

図2-14　明朝における南京城壁の空間形態[19]

　現存する城壁都市のうち、18都市（75%）は人口10万人以上であり、そのうち13都市（54%）は100万人以上の都市である。最も多い人口をもつ城壁都市は贛州（918.26万人）であり、最も少ないのは山西省の広武城であり、築造されて以来殆ど発展しておらず、現在まで都市は当初のまま城壁内に限定され、約2000人しか住んでいない。
　14都市（59%）の城壁都市の古城区は100ha以上である。最も大きいのは南京市で約5300haを持ち、最も小さい都市は広西省の桂林にある宋朝時期に築かれた城壁都市であり、約2haである。
　当初の長さが5km以上をもつ城壁は11都市（45%）であり、そのうち5都市は10km以上である。現存する城壁の約38%の長さが5km以上である。90%以上の幅は5m以上であり、上面まで上ることが可能である。厚い城壁は20m（壽

県、朔州）であり、最も狭いの（桃渚）は約3mである。城壁の高さは、10m前後が多く、最も高い城壁は22m（南京）である（表2-2、図2-15）。

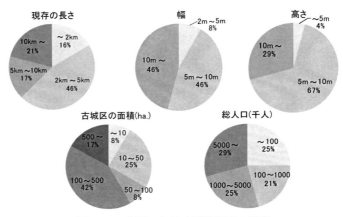

図2-15 中国における城壁都市の特徴

表2-2 中国における城壁都市の保全状況

	省	所在地	建造時間	元の長さ(km)	現存の長さ(km)	現存状態	幅(m)	高さ(m)	元の城門数	現存の城門数	総人口(千人)	古城区の面積(ha)	城壁の形態
25	江西省	贛州 Ganzhou	AD11th	6.5	3.664	56%	6.5	5	5	4	9182.6	219	不規則
26	浙江省	臨海 Linhai	AD11th	6.287	4.67	74%	3-4	3-7	7	4	1160	153	四方形
27	広東省	肇慶 Zhaoqing	AD12th	2.8	2.8	100%	8-18	6-10	4	4	4136.9	40	四方形
28	安徽省	寿県 Shouxian	AD13th	7.174	7.174	100%	18-22	8.3	4	4	1340	365	四方形
29	山西省	朔州 Shuozhou	AD14th	3.75	3.75	100%	12-20	6-10	4	4	1714.857	228	四方形
30	広西省	桂林 Guilin	AD14th	2.8	2.8	100%	5.5	7.92	4	4	4938	1.87	四方形
31	湖北省	襄陽 Xiangyang	AD14th	7.4	7.4	100%	10	8	6	6	5500	240	四方形
32	河北省	宣化 Xuanhua	AD14th	12.3	10	83%	14	10	7	3	280	900	四方形
33	江蘇省	南京 Nanjing	AD14th	33.676	23.743	71%	3-18	7-22	13	18	8004.68	5300	不規則
34	陝西省	西安 Xi'an	AD14th	11.9	11.9	100%	15-18	12	4	13	8434.6	900	四方形
35	河北省	万全 Wanquan	AD14th	3.5222	3.5222	100%	4-6	12	2	2	202.5	75	菱形
36	山西省	広武 Guangwu	AD14th	1.654	1.654	100%	5	8.3	3	2	2	17	四方形
37	山西省	平遥 Pingyao	AD14th	6.4	6.4	100%	8-12	8-10	6	6	499.7	225	四方形
38	陝西省	楡林 Yulin	AD14th	6.789	5.677	84%	15	12	7	5	3560	158	不規則
39	福建省	崇武 Chongwu	AD14th	2.567	2.567	100%	5	7	4	4	73.453	37	不規則
40	浙江省	蒼南 Cangnan	AD14th	2.55	2.55	100%	7	5	3	2	7	35	四方形
41	福建省	莆禧 Puxi	AD14th	2.3	1.335	58%	7.5	5.1	4	2	34.88	23	不規則
42	河北省	鶏鳴驛 Jiminyi	AD15th	1.891	1.891	100%	8-11	11	2	2	8.629	22	四方形
43	浙江省	桃渚 Taozhu	AD15th	1.366	1.366	100%	3	4.5	3	3	94	9.5	四方形
44	遼寧省	興城 Xingcheng	AD15th	3.274	3.274	100%	6.8	8.5	4	4	550	70	四方形
45	河南省	商丘 Shangqiu	AD16th	4.335	4.355	100%	10	6.6	4	4	8850	113	四方形
46	河北省	永年 Yongnian	AD16th	4.5	4.5	100%	9	12	4	4	870	150	四方形
47	湖北省	荊州 Jingzhou	AD17th	11.821	11.821	100%	10	8.83	6	9	6640	450	不規則
48	河南省	開封 Kaifeng	AD19th	14.4	14.4	100%	5	8	5	10	5430	900	四方形

2.4　城壁都市の形態と保全類型

　城壁都市から提供された地図や古地図を参考にしつつ、Google map 等の地図データをベースとして、AutoCAD を用いて城壁都市の空間的特徴を視覚化してとらえ、数量化マップを作成した（図2-22～図2-31）。これらの地図と収集した資料を参照し、城壁都市の形態、城壁に囲まれた旧市街地の保全類型、新旧市街地の位置関係、城壁と市街地の隣接関係、城壁の残存パターンについて考察する。

2.4.1　城壁都市の形態

　城壁都市の形態は、不規則な形（22都市）と方形に近い形（22都市）が多く見られる。その以外には、円形（1都市）、菱形（1都市）、多角形（2都市）もある（図2-16）。

　地形と軍事防衛を優先する欧州の城壁都市は、不規則な形を呈するものが多く、16都市（67%）であり、四方形は4都市（21%）である。また、イタリアのパルマノーヴァ Palmanova とキプロスのニコシア Nicosia のようなルネサンス時代築かれた多角形の要塞化都市も2都市約8%を占める。

　その一方で、防御のみではなく、礼制思想や風水等も重視した中国の城壁都市は四方形が多く見られ、17都市（71%）である。また、山地や水域が多い南

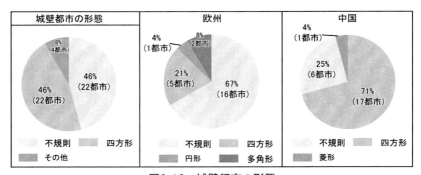

図2-16　城壁都市の形態

部の南京、贛州、崇武等の城壁都市においては、築造する時、地形の要因もあり、不規則形の都市は6都市（25%）である。残る1都市の万全の城壁は方形に近い菱形である。

2.4.2　城壁の残存パターンと市街地の空間関係

（1）　城壁の残存パターン

城壁の残存パターンは、城壁の保全状態が良好であり、全体的に保全し連続している「全体連続型」、一部の城壁は撤去され、残った部分が連続して保全されている「一部連続型」、残存している城壁が複数箇所で分断されている「分断型」の3つのタイプがある。最も多いタイプは「全体連続型」であり、31都市（65%）である。一部連続型と分断型はそれぞれ2都市（8%）と4都市（17%）である（図2-17）。

中国では、西安、開封等の都市において、城壁を復元・再生する都市が増加したため、「全体連続型」が最も多く18都市（75%）を占める。また、「一部連続型」は2都市（8%）、分断型は4都市（17%）である。

欧州では、失った城壁を復元する都市は少ない。その理由の1つとして、城

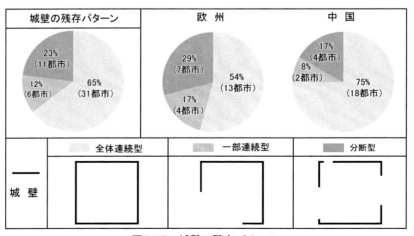

図2-17　城壁の残存パターン

54

壁の幅が狭く、上面まで上ることができないために、復元しても利用するメリットが少ないためと考えられる。とはいえ、ロードス Rhodes とアビラ Ávila のような世界遺産に登録され、全体的保全されている城壁も多いため、13都市約54%は「全体連続型」である。また、「一部連続型」は4都市（17%）、分断型は7都市（29%）である。

（2）　城壁と市街地との隣接関係

　城壁と市街地の隣接関係として、城壁の両側が全て市街地と隣接する「両側隣接型」、城壁の片側の一部分が海、農地、山林等開放地と隣接する「一部開放型」、城壁の片側が全て開放地と隣接する「片側開放型」の3つのタイプがある。6都市（12%）の城壁都市は「片側開放型」に属し、これらの都市はモントレール Montreuil や广武のように、小都市で周辺が農地や山林に囲まれるタイプ、また、贛州や永年のように周辺開放的な水域と隣接するタイプがある。それ以外の殆どの城壁は市街地に囲まれており、「両側隣接型」は19都市（40%）、「一部開放型」は23都市（48%）である（図2-18）。

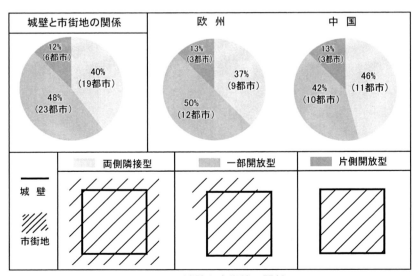

図2-18　城壁と市街地の関係

中国では、11都市（46%）が「両側隣接型」である。また、城壁の外側に公園化する都市が多く、「一部開放型」は10都市（42%）である。「片側開放型」は广武、赣州、永年の3箇所である。欧州では、一部の城壁が農地や山林地と隣接し、または、海に面するため、「一部開放型」が最も多く、12都市（50%）である。「両側隣接型」は9都市（37%）であり、「片側開放型」は中国と同じ3都市のみである。

2.4.3　新旧市街の位置関係と旧市街の保全類型

（1）　新旧市街の位置関係

　中世の欧州では、城内に進入する際に通門税を払う必要があり、城門近くに税金を徴収する機関が設置され、外来の商人や周辺の農民達等がそこで行列をつくった。夜の閉門時間まで、城内に入ることができない人も多く発生したため、彼らを顧客として、城門のすぐ外に飲食処や旅館等施設が自然に発生し、新市街地が次第に形成されるようになった。この新市街地は一定規模になると、外側にさらに新しい城壁が設けられ、副都市となった[18]。中国では、商品を外部から運んでくる商人が城内に入る場合に、門税を払う必要があったが、一般的に城門をくぐる時には、税金がかからなかった。城門の近くに休憩場所や農家等を中心とする郊外は形成されたが、城壁の新設や新市街地の形成までは至らなかった。要するに、近代以前の中国では、城壁都市における市街地は殆どが城壁内部に集中していた。近代化以降、城壁を新設する必要がなくなり、全ての城壁都市は城壁を越えて、新市街地が拡張されてきた。しかしながら、これらの城壁都市において、制度や自然条件等が都市によって違うため、都市の発展方針もそれぞれ違い、新旧市街の空間的位置関係も異なったかたちで形成している。

　現存する城壁都市において、新旧市街の空間的位置関係は主に新市街と旧市街が隣接し、主として1方向に向けて発展してきた「隣接型」、新市街が旧市街と離れ、幹線道路でつながり、別の地域として独立発展してきた「分離型」、新市街は旧市街の四周へ放射状に発展し、旧市街を囲んでいる「内包型」の3つのタイプがある。Thessalonikiや桃渚のような海または山林と隣接する都市に

おいて、海と山林地の反対方向に向けて発展してきた「隣接型」は21都市（44%）である。内包型も21都市（44%）を占め、これらの都市の多くは、平野部である周辺地域に拡張しやすい立地となっている。南京ように、大都市において山を越えたり、揚子江を跨って拡張する都市もある。残る6都市（12%）の城壁都市は、規模が小さく、周辺の自然環境に囲まれおり、新市街が別の地域で計画され、旧市街とは分離されて発展している。

　新旧市街の空間的位置関係については、中国と欧州の状況はほぼ同じである。「分断型」はともに3都市（12%）である。中国は「隣接型」10都市（42%）と内包型11都市（46%）のに対して、欧州のほうが「隣接型」11都市（46%）と「内包型」10都市（42%）となっている（図2-19）。

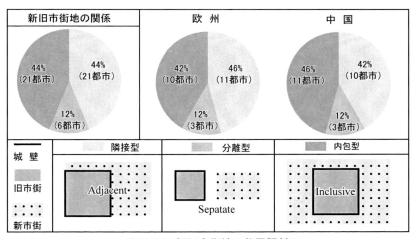

図2-19　新旧市街地の位置関係

（2）　旧市街の保全類型

　新市街の開発に伴い、旧市街に対する整備も各都市で行われてきた。現存する城壁都市において、旧市街の保全類型は主に旧市街全体の都市構造、建築のデザイン様式等が昔の様式で保全されている「全体保全型」、一部の地域が開発され、残る区域が保全される「区域保全型」、旧市街の全体がほぼ現代化され、歴史的建築、公園等が保全される「点的保全型」の3つのタイプがある。城壁

都市において、歴史的環境を認識しやすい点があるため、旧市街がよく保全している「全体保全型」に属する都市は最も多く、29都市（60%）である。また、「区域保全型」は9都市（19%）で、「点的保全型」は10都市（21%）である（図2-20）。

欧州では、歴史的環境の保全に関する取組みが1830年頃から始まり、石造が主であるために、保全しやすい等の理由から、「全体保全型」は最も多く、20都市（83%）である。「区域的保全型」はThessaloniki、Colchester、s-Hertogenboschの3都市（13%）である。3都市とも城壁が一部残存され、城壁と隣接旧市街地は保全されている場合が多く見られる。残りの1都市はアイルランドのCashelであり、約50%の城壁のみ分断されて市街地内に散在している。旧市街内の道路は4車線の自動車道に整備され、庭付きの一戸建ての新しい住宅が多く見られる。

中国では、古代の民居は煉瓦と木の混合構造が多いため、老朽化しやすく、欧州のように長期にわたって保全することが難しい。また、歴史的環境の保全は、80年代までの殆どが、重要な歴史的建築や遺跡等のみを保全対象としており、82年に歴史文化名城保護制度が成立されてから、歴史的環境を面的に保全するようになった。都市化が進行するなかで、全体的保全される歴史的都市は

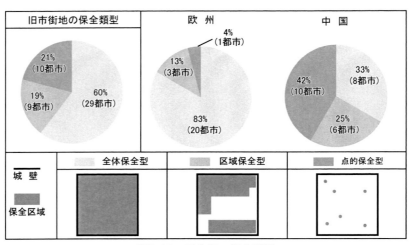

図2-20　旧市街の保全類型

未だ少ない。現存する城壁都市のうち、「点的保全型」は10都市（42%）と最も多い。これらの都市は、殆どが100万人以上の人口をもち、規模が大きく人口過密による再開発が多く発生している。その一方で、「全体保全型」も8都市（33%）である。これらの城壁都市は、地方の小都市や経済の発展が未だ進んでいない都市であり、旧市街の規模も小さく保全しやすい点もある。また、区域保全型は6都市（25%）である。

2.4.4　欧州と中国における城壁都市の比較

欧州と中国の城壁都市における城壁の築造年代、長さ、城門数、高さ、幅、面積、人口数を考察した上で、城壁都市の空間的情報を数量化し、さらに城壁都市の形態、城壁の残存パターン、城壁と市街地の空間関係、新旧市街地と空間的関係、城壁に囲まれた旧市街地の保全類型、新旧市街地と空間的関係を考察した。本節は、考察したデータをもとに、欧州と中国の城壁都市を比較してみる。

対象とした欧州と中国の城壁都市は、ともに11世紀から16世紀の間に築かれた城壁が多く、欧州は中世、中国は明朝時代である。欧州では、18都市（75%）が人口10万以下であるのに対して、中国の18都市（75%）は人口10万人以上であり、そのうち100万人以上の都市は13都市（54%）である。城壁に囲まれた旧市街の規模は、欧州の19都市（79%）は100ha 以下であり、中国の14都市（59%）は100ha 以上である。

現存する城壁の長さは、欧州の平均が約2.7km であるのに対して、中国は約6.0km である。城門の数は、欧州の平均は約4箇所、中国の平均は約5箇所である。欧州では、城壁長約0.7km に1城門を持つのに対し、中国のは、城壁長1.2km に対して1城門をもつ。中国では、92% の城壁の幅は5m 以上と厚く、上面まで上ることができるが、欧州では、79% の城壁は5m 以下であり、殆ど上ることができない。城壁の高さは、欧州の都市では1.7m から26m までと差が大きいが、中国のほうは平均8.5m 前後であり、あまり差がない。

城壁の平面形態では、欧州の城壁都市は、不規則な形を呈するものが多く、約67% を占めるのに対し、中国の城壁都市は約71% が四方形である。

59

城壁の残存パターンは、中国では、城壁を復元・再生する都市が多いため、「全体連続型」が最も多く、18都市（75%）であるが、欧州では、城壁を復元する都市が少なく、世界遺産に登録され、保全状態が良い城壁も多いため、「全体連続型」は13都市（54%）である。

城壁と市街地の隣接関係については、中国の城壁都市では、「両側隣接型」が最も多く約46%である。一方、欧州では、一部開放型が12都市（50%）と最も多い。新旧市街の空間的位置関係については、欧州と中国の状況はほぼ同じであり、新旧市街地は連続して発展してきた「隣接型」と「内包型」が多く見られる。

旧市街の保全類型について、欧州では、歴史的環境の保全に関する取組みが早期から行われており、石造が主で保全しやすい等の理由から、「全体保全型」は最も多く20都市（83%）を占める。中国では、煉瓦と木の混合構造が多いため、老朽化しやすく、欧州のように長期間に保全することが難しい。中国ではこれまで、歴史的環境保全が重視されてこなかったため、16都市（77%）の旧市街地において再開発が行われた。

2.5 城壁都市の分類

本章では、2-2と2-3で考察した欧州と中国の48城壁都市と城壁の空間、形態に関わる要素を用いてクラスター分析を行い、城壁都市を分類し、それぞれのグループの特徴を明らかにするとともに、今後の保全に関する課題を示す。

2.5.1 分類の方法

以下の11カテゴリーを変数として、48都市をサンプルとし、SPSSを用いて、階層クラスター分析（Ward法）を行った（表2-3）。クラスター分析の結果として、4つのグループに分類し、グループ毎の特徴を考察した（図2-21）。

（1）城壁に関わる変数

V^1 現存する城壁の長さ：2 km 以下は 1 、 2 km～ 5 km 以下は 2 、 5 km～

10km 以下は 3 、10km 以上は 4 とする。

　V^2幅：2 m 以下は 1 、2 m 〜 5 m 以下は 2 、5 m 〜10m 以下は 3 、10m 以上は4とする。

　V^3高さ（平均高さで計算する）：5 m 以下は 1 、5 m 〜10m 以下は 2 、10m 以上は 3 とする。

　V^4城門の数

　V^5城壁の残存パターン：全体連続型は 1 、一部連続型は 2 、分断型は 3 とする。

（2）城壁都市の形態に関わる変数

　V^6城壁と市街地の位置関係：両側隣接型は 1 、一部開放型は 2 、片側開放型は 3 とする。

　V^7旧市街の面積：10ha 以下は 1 、10〜50ha 以下は 2 、50〜100ha 以下は3,100〜500ha 以下は 4 、500ha 以上は 5 とする。

　V^8人口：10万以下は 1 、10万〜100万以下は 2 、100万〜500万以下は 3 、500万以上は 4 とする。

　V^9城壁の平面形態：不規則は 1 、方形は 2 、その他は 3 とする。

　V^{10}新旧市街の位置関係：隣接型は 1 、分離型は 2 、内包型は 3 とする。

　V^{11}旧市街の保全類型：全体保全型は 1 、区域保全型は 2 、点的保全型は 3 とする。

表2-3　城壁都市の変数データ

No.	城壁都市	国名	V1	V2	V3	V4	V5	V6	V7	V8	V9	V10	V11
1	Thessaloniki	Greece	2	2	3	2	2	2	4	3	1	1	2
2	Colchester	UK	1	2	2	2	3	1	2	2	2	3	2
3	Chichester	UK	1	1	1	0	3	1	2	1	1	3	1
4	Dubrovnik	Croatia	1	2	3	8	1	2	2	1	1	1	1
5	Sulzfeld am Main	Germany	1	1	2	4	1	2	1	1	1	1	1
6	Ávila	Spain	2	2	3	9	1	2	2	1	1	1	1
7	Nürnberg	Germany	3	3	2	6	1	1	4	2	1	1	1
8	Rothenburg ob der Tauber	Germany	2	3	2	5	1	2	2	1	1	1	1
9	Wolframs-Eschenbach	Germany	2	1	3	2	2	2	1	1	1	1	1
10	Jihlava	Czech	2	1	2	1	3	2	2	1	1	3	1
11	Znojmo	Czech	2	1	2	1	2	1	2	1	1	1	1
12	Aigues-Mortes	France	1	2	3	10	1	2	2	1	1	1	1
13	Cashel	Ireland	1	2	2	0	3	1	2	1	1	3	3
14	Castelfranco Veneto	Italy	1	1	3	4	1	1	1	1	1	3	1
15	Trnava	Slovakia	2	1	2	0	3	1	3	1	1	3	1
16	Conwy	UK	1	1	2	3	1	3	1	1	1	1	1
17	Tallinn	Estonia	1	2	3	4	3	1	2	2	1	3	1
18	Nördlingen	Germany	2	2	2	5	1	2	3	1	3	1	1
19	Freistadt	Austria	2	1	1	2	1	1	1	1	1	3	1
20	Rhodes	Greece	2	3	3	12	2	2	3	1	1	1	1
21	s-Hertogenbosch	Netherlands	2	1	2	0	3	2	2	1	1	1	2
22	Palmanova	Italy	3	3	3	3	1	3	4	1	2	1	1
23	Nicosia	Cyprus	2	3	2	3	1	1	4	2	3	1	1
24	Montreuil, Pas-de-Calais	France	2	2	2	2	2	3	3	1	1	2	1

No.	城壁都市	省名	V1	V2	V3	V4	V5	V6	V7	V8	V9	V10	V11
25	贛州 Ganzhou	江西省	2	3	2	2	2	3	4	4	1	1	2
26	臨海 Linhai	浙江省	2	2	2	2	2	2	4	3	2	1	3
27	肇慶 Zhaoqing	広東省	2	4	2	4	1	1	2	3	2	3	3
28	寿県 Shouxian	安徽省	3	4	2	4	1	2	4	3	2	1	2
29	朔州 Shuozhou	山西省	2	4	2	1	1	1	4	3	2	3	2
30	桂林 Guilin	広西省	2	3	2	4	1	1	3	2	3	3	3
31	襄陽 Xiangyang	湖北省	3	4	2	6	1	2	4	4	2	1	3
32	宣化 Xuanhua	河北省	4	4	3	3	3	1	5	2	2	3	3
33	南京 Nanjing	江蘇省	4	4	3	18	3	1	5	4	1	3	3
34	西安 Xi'an	陝西省	4	4	3	13	1	1	5	4	2	3	3
35	万全 Wanquan	河北省	2	3	3	2	1	2	3	2	3	1	2
36	広武 Guangwu	山西省	1	3	2	3	1	3	2	1	2	2	1
37	平遥 Pingyao	山西省	3	4	2	6	1	1	4	2	2	3	1
38	榆林 Yulin	陝西省	3	4	3	5	3	1	4	3	1	3	2
39	崇武 Chongwu	福建省	2	3	2	4	1	2	2	2	1	1	1
40	蒼南 Cangnan	浙江省	2	3	2	3	1	2	2	2	2	1	1
41	莆禧 Puxi	福建省	1	3	2	2	3	2	2	1	1	1	1
42	鶏鳴驛 Jiminyi	河北省	1	3	3	2	1	3	2	1	2	1	1
43	桃渚 Taozhu	浙江省	1	2	1	3	1	2	1	1	2	1	1
44	興城 Xingcheng	遼寧省	2	3	2	4	1	1	3	2	2	3	2
45	商丘 Shangqiu	河南省	2	4	2	4	2	2	4	4	2	1	3
46	永年 Yongnian	河北省	2	4	2	3	2	2	4	2	2	1	1
47	荊州 Jingzhou	湖北省	4	4	2	9	1	1	4	4	3	3	3
48	開封 Kaifeng	河南省	4	3	2	10	1	1	5	4	2	3	3

V1　現存する城壁の長さ:2km以下=1、2km〜5km以下=2、5km〜10km以下=3、10km以上=4
V2　幅:2m以下=1、2m〜5m以下=2、5m〜10m以下=3、10m以上=4　　　　　　V3　高さ:5m以下=1、5m〜10m以下=2、10m以上=3
V4　城門の数
V5　城壁の残存パターン:全体連続型=1、一部連続型=2、分断型=3
V6　城壁と市街地の位置関係:両側隣接型=1、一部開放型=2、片側開放型=3
V7　旧市街地の面積:10ha以下=1、10〜50ha以下=2、50〜100ha以下=3,100〜500ha以下=4、500ha以上=5
V8　人口:10万以下=1、10万〜100万以下=2、100万〜500万以下=3、500万以上=4
V9　城壁の平面形態:不規則=1、方形=2、その他=3　　　　　　　V10　新旧市街の位置関係:隣接型=1、分離型=2、内包型=3
V11　旧市街の保全類型:全体保全型=1、区域保全型=2、点的保全型=3

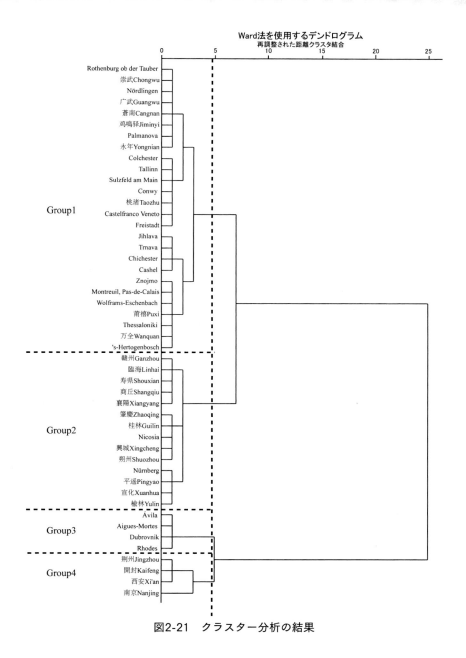

図2-21　クラスター分析の結果

2.5.2　城壁都市の類型と特徴

（1）グループ1：中小規模全体保全型（26都市）

　グループ1に属する都市に現存する城壁は中小型であり、長さは2km前後、幅は3m以下が多いが、高さは平均9m以上で比較的高い。旧市街の面積は殆ど100ha以下である。また、建造当初から小規模な地方都市として形成され、現在でも市街地はあまり広がっておらず、人口100万以下の中小都市に集中している。区域保全型と全体保全型が殆どであり、残存する城壁も高くで認識しやすいため、歴史的雰囲気をもつ城壁都市としての印象が残されている。しかし、城壁の規模は小さく、上れることができない城壁が多いため、城壁本体の活用が難しいところもある。今後、保全されている城壁と旧市街地を一体的に捉え、さらに開発された旧市街や城壁の跡地を整備し、城壁都市としての全体

表2-4　中小規模全体保全型に属する城壁都市

No.	城壁都市	V1長さ (km)	V2幅 (m)	V3高さ (m)	V4城門数	V5残存パターン	V6城壁と市街地の位置関係	V7旧市街の面積 (ha)	V8人口 (千人)	V9平面形態	V10新旧市街の位置関係	V11旧市街の保全類型
8	Rothenburg ob der Tauber	3	8	6	5	全体連続型	一部開放型	41	11	不規則	隣接型	全体保全型
39	崇武 Chongwu	2.567	5	7	4	全体連続型	一部開放型	37	73.453	不規則	隣接型	全体保全型
18	Nördlingen	2.6325	2.5-3	8	5	全体連続型	一部開放型	55	19	その他	隣接型	全体保全型
36	广武 Guangwu	1.654	5	8.3	3	全体連続型	片側開放型	17	2	方形	分離型	全体保全型
40	蒼南 Cangnan	2.55	5	8	3	全体連続型	一部開放型	35	7	方形	分離型	全体保全型
42	鸡鸣驿 Jiminyi	1.891	8-11	11	2	全体連続型	一部開放型	22	8.629	方形	隣接型	全体保全型
22	Palmanova	7	4-6	18	3	全体連続型	片側開放型	200	5.4	その他	分離型	全体保全型
46	永年 Yongnian	4.5	8	12	4	全体連続型	片側開放型	150	870	方形	分離型	全体保全型
2	Colchester	1.83	2.4	9	2	分断型	両側隣接型	43	181	方形	内包型	区域保全型
17	Tallinn	1.9	3	13-16	4	分断型	両側隣接型	29.54	415.416	不規則	内包型	全体保全型
5	Sulzfeld am Main	0.8	1.5	8	4	全体連続型	一部開放型	7.8	1.4	不規則	内包型	全体保全型
16	Conwy	1.2	1.68	9	3	全体連続型	片側開放型	8	14.208	不規則	分離型	全体保全型
43	桃渚 Taozhu	1.366	3	4.5	2	全体連続型	一部開放型	9.5	94	方形	隣接型	全体保全型
14	Castelfranco Veneto	0.92	1.7	17	4	全体連続型	両側隣接型	5.29	33	方形	内包型	全体保全型
19	Freistadt	2	1-2	4	2	全体連続型	両側隣接型	7	7.482	不規則	内包型	全体保全型
10	Jihlava	2.54	1-2.5	6	1	分断型	一部開放型	31.6	49.954	不規則	内包型	全体保全型
15	Trnava	2	1-2	8	0	全体連続型	両側隣接型	56	69.5	方形	内包型	全体保全型
3	Chichester	1.895	1.7	1.7	2	分断型	両側隣接型	40	8.4	不規則	内包型	全体保全型
13	Cashel	0.8	3	6.4	0	分断型	両側隣接型	14.5	11.4	不規則	内包型	点的保全型
11	Znojmo	2.5	1.5-1.7	7	1	全体連続型	一部開放型	70	34.476	不規則	隣接型	全体保全型
24	Montreuil, Pas-de-Calais	2.7	3-4	6-8	2	一部連続型	片側開放型	50	2.319	不規則	分離型	全体保全型
9	Wolframs-Eschenbach	2	1-2	10-12	2	一部連続型	一部開放型	5.5	3	不規則	隣接型	全体保全型
41	莆禧 Puxi	1.335	7.5	5.1	2	分断型	一部開放型	23	34.88	不規則	隣接型	全体保全型
1	Thessaloniki	4	3-4.7	15	2	一部連続型	一部開放型	240	1000	不規則	隣接型	区域保全型
35	万全 Wanquan	3.5222	4-6	12	2	全体連続型	一部開放型	75	202.5	その他	隣接型	区域保全型
21	s-Hertogenbosch	3.67	1.5	6-7	0	分断型	一部開放型	115.88	104.06	不規則	隣接型	区域保全型

的認識性を高めつつ、都市全体を含む面的歴史的環境として保全すべきであろう。また、城壁の規模が小さいため、都市の中において損壊しやすいため、城壁本体の保全措置や周辺空間の整備を重視する必要がある（表2-4、図2-22～図2-25）。

（2）グループ２：高台市街化型（14都市）

　グループ２に属する城壁都市における城壁の規模は大きく、長さは平均５km以上であり、幅は８m、高さは６m以上である。旧市街の面積は平均200ha以上、人口は平均300万人以上である。新旧市街地が連担して発展し、旧市街における再開発も行われ、城壁が市街地の中に散在している。これらの城壁の殆どは、上面まで上ることができるため、本体を観光資源として活用している都市が多い。市街化された周辺環境との不調和が多くの都市の課題である。今後、城壁本体の活用方法が多様化し、市民生活に結びつき、地域資源として整備することが望まれている。また、城壁と周辺空間を一体的に整備し、城壁が周辺景観を見る視点場としての機能を生かしつつ、帯状的歴史的環境として保全していく必要がある（表2-5、図2-26～図2-28）。

表2-5　高台市街化型に属する城壁都市

No.	城壁都市	V1長さ （km）	V2幅 （m）	V3高さ （m）	V4 城門数	V5残存 パターン	V6城壁と 市街地の 位置関係	V7旧市街 の面積 （ha）	V8人口 （千人）	V9平面 形態	V10新旧 市街の位 置関係	V11旧市 街の保全 類型
25	贛州 Ganzhou	3.664	6.5	5	4	一部連続型	片側開放型	219	9182.6	不規則	隣接型	区域保全型
26	臨海 Linhai	4.67	3-4	3-7	4	一部連続型	一部開放型	153	1160	方形	隣接型	点的保全型
28	寿県 Shouxian	7.174	18-22	8.3	4	全体連続型	一部開放型	365	1340	方形	隣接型	区域保全型
45	商丘 Shangqiu	4.355	10	6.6	4	全体連続型	一部開放型	113	8850	方形	隣接型	点的保全型
31	襄陽 Xiangyang	7.4	10	8	6	全体連続型	一部開放型	240	5500	方形	隣接型	区域保全型
27	肇慶 Zhaoqing	2.8	8-18	6-10	4	全体連続型	両側隣接型	40	4136.9	方形	内包型	点的保全型
30	桂林 Guilin	2.8	5.5	7.92	4	全体連続型	両側隣接型	1.87	4938	方形	内包型	点的保全型
23	Nicosia	4.9	4-6	7	3	全体連続型	両側隣接型	165	300	その他	内包型	全体保全型
44	興城 Xingcheng	3.274	6.8	8.5	4	全体連続型	両側隣接型	70	550	方形	内包型	区域保全型
29	朔州 Shuozhou	3.75	12-20	6-10	1	全体連続型	両側隣接型	228	1714.857	方形	内包型	区域保全型
7	Nürnberg	5	2-8	7-10	6	全体連続型	両側隣接型	120	506	不規則	内包型	全体保全型
37	平遥 Pingyao	6.4	8-12	8-10	6	全体連続型	両側隣接型	225	499.7	方形	内包型	全体保全型
32	宣化 Xuanhua	10	14	10	3	分断型	両側隣接型	900	280	方形	内包型	点的保全型
38	楡林 Yulin	5.677	15	12	5	分断型	両側隣接型	158	3560	不規則	内包型	区域保全型

（3）グループ３：融合型（4都市）

　グループ３に属する４つの城壁都市は、人口10万以下の欧州小都市である。城壁の規模は小型であり、長さ５km以下、幅は平均３m前後、高さは10m以

65

上である。旧市街と城壁は、ほぼ昔のまま保全されている。周辺は海や農地等の開放地と隣接し、新旧市街の位置関係は隣接型である。城門の数も多く、新旧市街との往来は容易である。これらの都市では、新市街を開発しつつ、自然景観や歴史的環境の保全を重視しており、歴史、自然景観、現代都市が融合するタイプといえる。しかしながら、城壁の規模が小さく、上ることのできる場所が少ないため、城壁と塔を整備しつつ、城壁の眺望機能を生かすことが今後の課題といえる（表2-6、図2-29）。

表2-6　融合型に属する城壁都市

No.	城壁都市	V1長さ (km)	V2幅 (m)	V3高さ (m)	V4城門数	V5残存パターン	V6城壁と市街地の位置関係	V7旧市街の面積 (ha)	V8人口 (千人)	V9平面形態	V10新旧市街の位置関係	V11旧市街の保全類型
6	Ávila	2.55	2.5	20-26	9	全体連続型	一部開放型	35	60	方形	隣接型	全体保全型
12	Aigues-Mortes	1.643	1.5-3	11	10	全体連続型	一部開放型	17	8.5	方形	隣接型	全体保全型
4	Dubrovnik	1.996	2-5	18	8	全体連続型	一部開放型	12	50	不規則	隣接型	全体保全型
20	Rhodes	4.682	3-14	12-20	12	一部連続型	一部開放型	59.7184	2.2	不規則	隣接型	全体保全型

（4）グループ4：独立型（4都市）

　グループ4に属する4つの城壁都市は、人口500万人以上の中国の中枢都市である。城壁は大規模であり、長さ10km以上、高さと幅は平均10m前後である。城壁本体がよく保全されている一方、旧市街地は殆どが開発されている。旧市街地は新市街地に内包され区別できない。また、城壁の両側も市街地と隣接している。交通量の増大に伴い、城壁の一部における城門の新設が多くみられた。近年になり、城壁が観光資源として認識されたことから、取り除かれた城壁の復元も進行している。これらの都市において、城壁が独立して保全され、観光資源として利用されたが、地域生活とは無関係して存在している。さらに、人口、交通の過密化に伴い、巨大な城壁と都市の発展とのバランスをとること、また城壁と周辺空間を調和させることが課題になっている（表2-7、図2-30～図2-31）。

表2-7　独立型に属する城壁都市

No.	城壁都市	V1長さ (km)	V2幅 (m)	V3高さ (m)	V4城門数	V5残存パターン	V6城壁と市街地の位置関係	V7旧市街の面積 (ha)	V8人口 (千人)	V9平面形態	V10新旧市街の位置関係	V11旧市街の保全類型
47	荊州 Jingzhou	11.821	10	8.83	9	全体連続型	両側隣接型	450	6640	不規則	内包型	点的保全型
48	開封 Kaifeng	14.4	5	8	10	全体連続型	両側隣接型	900	5430	方形	内包型	点的保全型
34	西安 Xi'an	11.9	15-18	12	13	全体連続型	両側隣接型	900	8434.6	方形	内包型	点的保全型
33	南京 Nanjing	23.743	3-18	7-22	18	分断型	両側隣接型	5300	8004.68	不規則	内包型	点的保全型

2.6　南京城壁の位置づけと特徴

　南京城壁は独立型に属しているが、他の３都市に比べて、城壁の規模が10km
以上より大きく、対象とした城壁都市の中でも最も大きい。また、南京城壁は
地形の要因を考慮した上で築かれ、不規則な形に呈し、幅、高さの差が大きく、
城壁空間は立地環境によって特徴が異なり、複雑性が高いところがある。なお、
城壁の残存パターンが分断型であり、連続性が欠けるところもある。以上の特
徴から、南京城壁は大規模であり、観光資源としての価値が高く、また、立地
環境によって特徴が異なるため、多様な城壁空間を創出する可能性が高い一方
で、分断され、空間の複雑性が高いため、回遊性が低いという課題もある。

　近年になって、都市の発展に伴い、新市街地は南京周辺の山を越え、揚子江
を跨って拡張しつつ、新旧市街に往来する交通量は増大してきている。そのた
め、城壁の一部における多くの城門が新設されたが、城壁の歴史性や景観的価
値を損壊するという意見もある。城壁の保全と都市の発展との矛盾は深刻になっ
ている課題もある。

　南京城壁は保全される一方で、様々の課題が未だ残っている。これらの課題
を解決するために、現在までの保全方針に対して再考することが必要になって
いる。

2.7　おわりに

　本章では、世界における城壁都市の保全実態を明らかにするとともに、欧州
と中国の城壁都市に着目し、代表的な欧州24、中国24の城壁都市のデータをも
とに、得られた知見は以下の通りである。

　（1）対象とした欧州と中国の城壁都市は、ほぼ同じ時期の11世紀から16世紀
にかけて築かれた。欧州における18都市（75%）は、人口10万人以下であるが、
中国の18都市（75%）は人口10万人以上、12都市（50%）は100万人以上であ
る。中国の城壁都市の城壁の長さ、幅、高さ、また城壁に囲まれた旧市街地の
面積は、総じて、欧州より規模の大きいこと等を示した。

　（2）地形と軍事防衛を優先した欧州の城壁都市は、16都市（67%）が不規則

な形態をしているのに対し、礼制、風水などを重視した中国の城壁都市は、方形に近い形が17都市（71%）と多い。また、旧市街の保全類型は「全体保全型」、「区域保全型」、「点的保全型」に分類でき、欧州では、多くが石造であり、歴史的環境の保全の取組みが1830年頃から行われていたことから、「全体保全型」が20都市（83%）と最も多く、中国では、煉瓦と木の混合構造であり、歴史的環境保全は重視されてこなかったことから、「点的保全型」と「区域保全型」が16都市（77%）と多いことなど、対象とした城壁都市の欧州と中国との差異を明らかにした。

（3）現存する城壁の長さ、幅、高さ、城門数、城壁の残存パターン、城壁と市街地の隣接関係、旧市街の面積、人口等のデータを用いたクラスター分析により、欧州と中国の48の城壁都市を「中小規模全体保全型」、「高台市街化型」、「融合型」、「独立型」の４つのタイプに分類し、それぞれのグループの特徴を分析し、今後の保全に関する課題と方針を提示した。

（4）南京城壁は独立型に属し、対象とした城壁都市の中で最も大きいこと、城壁空間の複雑性が高いこと、連続性が欠けること等の特徴を示した。城壁空間の回遊性を向上させ、都市の発展とのバランスをとりつつ、現在までの保全方針を再考する必要性のあることを示した。

　欧州では、城壁と旧市街地が一体となって良く保全されている都市が多く、歴史、自然、都市景観を有機的に融合させているが、城壁の規模が小さく、上ることができる場所も少ないため、城壁本体に対する活用や城壁の眺望機能を生かすことが今後の課題といえる。中国の城壁都市は大規模であり、近年は城壁が観光資源として活用されているが、地域住民の生活とは独立して存在しているところも多いことから、今後、城壁都市の特徴を踏まえ、住民との共働によって、保全された城壁と周辺の市街地や城壁跡地を総合的に整備し、現存する城壁、城壁の跡地、新旧市街地、地域住民の生活を融合して、城壁都市の一体性を高めつつ、歴史的環境を形成することが重要である。

参考文献

1) 萩島哲編：都市計画，朝倉書店，2008
2) 太田静六著：ヨーロッパの古城，吉川弘文館，1989
3) オースト・ドラクロワ著，渡辺洋子訳：城壁にかこまれた都市―防御施設の変遷史―，井上書院，1983
4) 馬正林：論中国城墻的起源，人文地理，Vol.8，No.1，1-7，1993（中国語）
5) 愛宕元：中国の城郭都市　殷周から明清まで，中公新書，1991
6) 付暁渝：中国古城墻保護探索，北京林業大学博士論文，2007（中国語）
7) ルイス・マンフォード著，生田勉訳：歴史の都市　明日の都市，新潮社，1969
8) 杉本憲司：中国古代を掘る　城郭都市の発展，中公新書，1986
9) 馬正林：論城墻在中国城市発展中的作用，陝西師大学報哲学社会科学版，Vol.23，No.1，pp.102-107，1994（中国語）
10) 葛維成，楊国慶，葉揚：イタリア・ルッカ城墻的歴史與保護，中国文化遺産，041，pp.98-106，1995（中国語）
11) 高柳伸一：ララチェの城壁の実施案が成立する経緯：フェリペ3世のスペインによるアフリカ北西部における軍事拠点作り（1），日本建築学会計画系論文集，623，pp.227-234，2008
12) Sylvie Ragueneau，劉健：パリ：城墻内外的城市発展，国外城市規劃，Vol.18，No.4，pp.37-41，2003（中国語）
13) 于淼，馬凱：中国城市建設史中的城墻，建築設計管理，01，pp.40-42，2008（中国語）
14) J・E・カウフマン /H・W・カウフマン共著，ロバート・M・ジャーガ作図，中島智章訳：中世ヨーロッパの城塞　攻防戦の舞台となった中世の城塞、要塞、および城壁都市，マール社，2012
15) Stephen Turnbull：Chinese Walled Cities 221BC-AD1644, Osprey Publishing, 2009
16) http：//en.wikipedia.org/wiki/List_of_cities_with_defensive_walls
17) 中華人民共和国国家文物局 http：//www.sach.gov.cn/
18) ハワード・サールマン著，福川裕一訳：中世都市，井上書院，1983
19) 楊新華編：南京明城墻，南京大学出版社，2006（中国語）

第2章 欧州と中国における城壁都市の保全実態から見る南京城壁の特徴

資料編

グループ1：中小規模全体保全型（26都市）

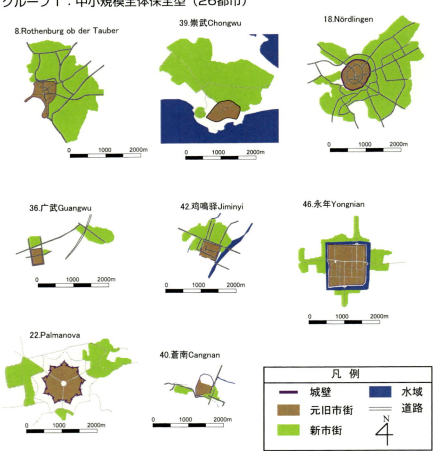

図2-22　グループ1①

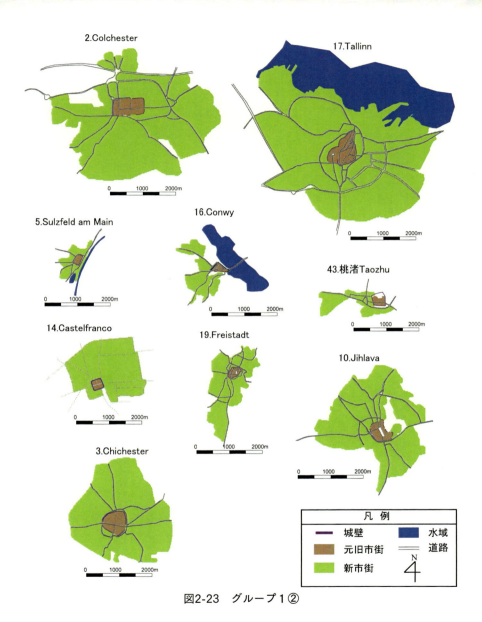

図2-23　グループ1②

第2章 欧州と中国における城壁都市の保全実態から見る南京城壁の特徴

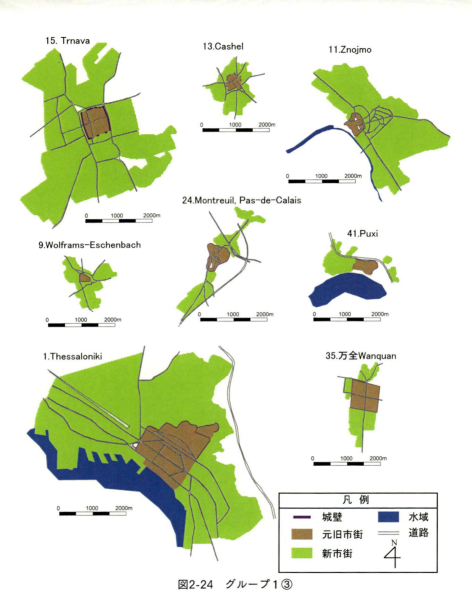

図2-24　グループ1③

図2-25　グループ1④

グループ2：高台市街化型（14都市）

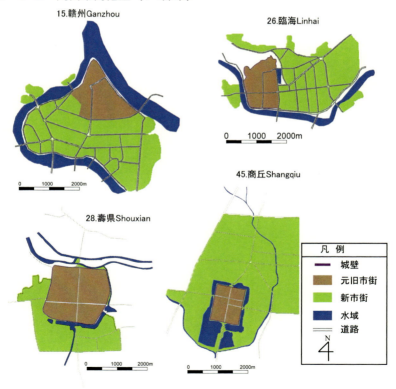

図2-26　グループ2①

第2章 欧州と中国における城壁都市の保全実態から見る南京城壁の特徴

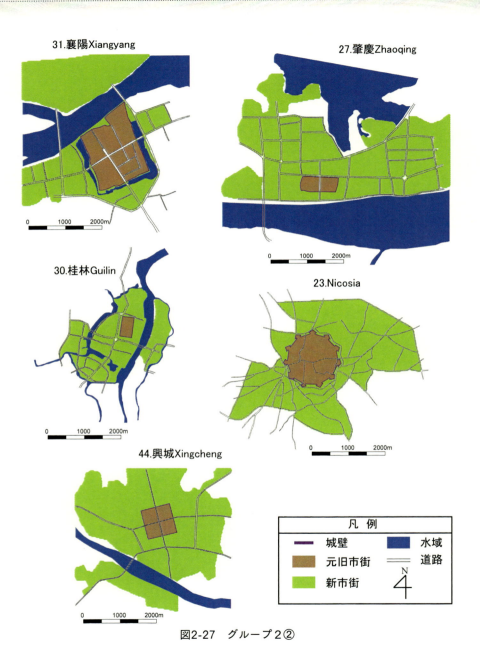

図2-27　グループ2②

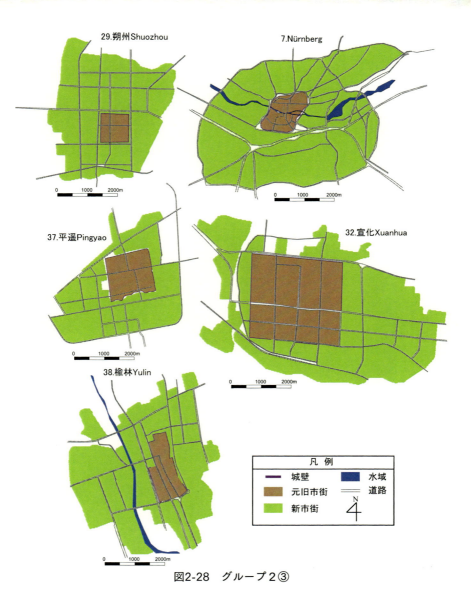

図2-28　グループ２③

第2章 欧州と中国における城壁都市の保全実態から見る南京城壁の特徴

グループ3：欧州融合型（4都市）

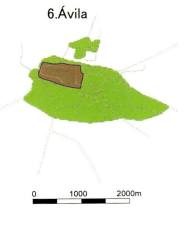

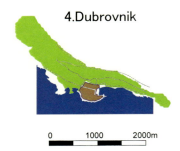

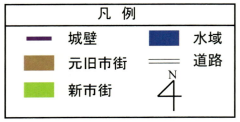

図2-29　グループ3①

76

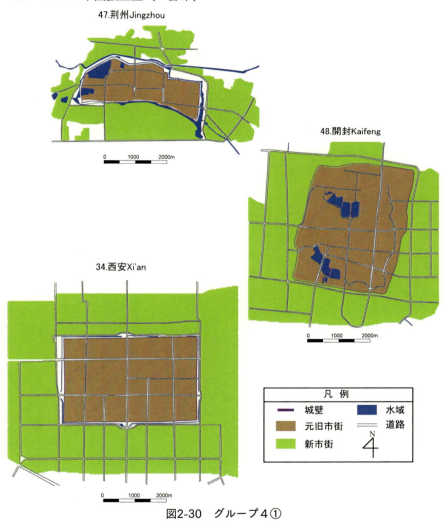

図2-30　グループ4①

第2章 欧州と中国における城壁都市の保全実態から見る南京城壁の特徴

33.南京Nanjing

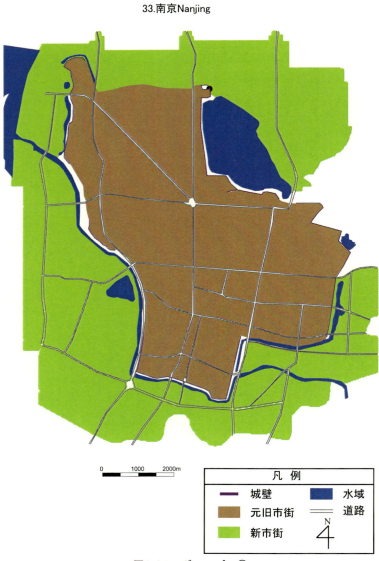

図2-31　グループ4②

第 3 章

南京市における城壁空間の
変遷と利用実態

第3章　南京市における城壁空間の変遷と利用実態

3.1　はじめに

3.1.1　研究の背景

　中国では、人口過密化、交通渋滞等問題を解決するため、大規模な都市の開発・再開発を行い、歴史的環境を損壊してきた事例が多く見られ、歴史的環境の保全に関する法制度や計画等が十分に整備されているとは言えない状況にある。一方、都市発展のための施策の重点は、インフラや施設建設等を主体とするハード面から、都市における文化振興や活性化などのソフト面の計画へと変化し、歴史的環境を保護するために、必要な都市開発を抑える例もでてきている。そのうえ、殆どの歴史的環境について、行政は、市域外からの来訪者に向けた観光資源としての活用を模索しているが、地域文化の育成や住民との関わり等は未だ十分ではない。

　城壁の保全に関しても、西安市や開封市のように、城壁を観光資源として整備し、城壁全体を当初の形態に復原する方針をもつ都市がある一方で、南京市のように都市の発展に伴い、道路や地下鉄を整備するために、城壁の撤去や城門の設置等により城壁の形態を改変する都市も多く見られる。城壁の周辺環境をオープンスペースとして整備する取り組みが行われているが、城壁の周辺環境における建築行為の規制は、城壁と市民との関わりを希薄にしており、城壁は都市生活から隔離しているともいえる。そこで、城壁を保全する際に、城壁の歴史的価値を生かし、周辺環境の整備と開発のバラン

図3-1　南京城壁と周辺環境

81

スをとりつつ、都市生活の一部としての機能を維持する歴史的環境の保全を図ることが求められる（図3-1）。

3.1.2 研究の目的

本章は、現在の中国において残存規模が最大であり、今後も保全が期待される南京市の城壁を研究対象とし、城壁空間の利用実態と空間的特徴を明らかにするとともに、城壁空間の現代的役割と課題を明らかにすることを目的とする。具体的に以下の3点について考察・分析を行う。
(1) 南京市の都市発展史における城壁の変容と都市の成長の関係性
(2) 城壁空間の利用実態および空間構成の特徴
(3) 城壁空間の現代的役割と課題

3.1.3 研究の方法

まず、文献調査をもとに、南京市における城壁と市街地の変遷をレビューする。次に、現地における城壁及び城壁空間の現地調査を行い、城壁空間の特徴を把握した上で、城壁空間の機能、利用状況、空間構成に関わる指標を用いてクラスター分析を行い、城壁空間を分類し、それぞれのグループの特徴を踏まえた今後の保全・整備に関する方針について分析を行う。さらに、城壁の現代的役割と今後の課題に関する考察を加える。

本論では、都市を防御するために都市の周辺に築かれた壁のことを城壁とし、城壁に隣接する土塁、緑地、堀などのオープンスペースを含み、城壁と並行している自動車道及び住宅区や工場等を囲む塀

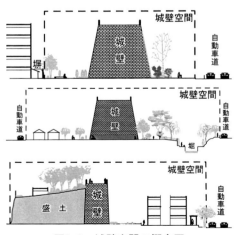

図3-2　城壁空間の概念図

などの線的要素に囲まれた空間を城壁空間とする（図3-2）。

3.1.4　既往研究

　城壁に関する研究は、（1）城壁の建造技術や歴史に関する研究[1),4)-10)]、（2）城壁保護と利用に関する研究[11)-19)]、（3）城壁周辺の公共緑地等公共空間の開発手法や景観評価に関する研究[20)-24)28)]、（4）城壁と都市発展との関係性について論じる研究[26)27)]に大別できる。しかしながら、城壁周辺の緑地以外の空間を一体的にとらえ、現代都市における城壁とその周辺空間の関係を扱う研究は見られない。

3.2　南京市と南京城壁の概要

3.2.1　南京市の概要

　南京市は、中国江蘇省の省都であり、長江三角洲都市圏の３つの核都市（上海、杭州）の一つである。中国の南東部の長江下流平原に位置し、揚子江の河口までは約400km離れている（図3-6）。総面積は約6,582km^2、都市化区域の面積は約866km^{2}であり、城壁が囲まれた古城区の面積は約53km^{2}である（図3-3）。総人口は約771万人であり、主城区の人口は約345万人である（2009年）。2009年の市内総生産（GDP）は約4230億元であり、そのうち、第一次産業は約129億元（3.5%）、第二次産業は約1,931億元（45.64%）、第三次産業は約2,170億元（51.31%）である。第三次産業のうち、観光収入は約822億元を占め、総生産の約19.43%である。南京市は市域が長江（揚子江）を跨って立地しており、４つの大橋と２本の地下鉄で繋がっている。環状道路、龍潭港、禄口国際空港、物流センターの建設等の推進により、経済都市としてのインフラを整備し、21世紀の国際社会にふさわしい都市機能を充実させることを目指している[57)]。

　2400年余りの都市建設の歴史を持つ南京市は、北京市、西安市、洛陽市と並ぶ中国の四大古都の１つであり、古くから中国の政治、文化、経済、軍事の中枢として位置づけられてきた。歴史的資源に恵まれ、1982年に、歴史文化名城として最初に指定された。2012年までに指定された南京市の文物は、全国重点

83

文物保護単位27箇所、省級100箇所、市級260箇所、区級123箇所、合計510箇所ある。特に、南京の母親河と呼ばれる秦淮河沿いの夫子廟（孔子廟）を中心とした繁華街、また市の東南の鍾山にある朱元璋の陵墓明孝陵と国父孫文の陵墓中山陵等が、歴史文化名勝として知られている（図3-4）。

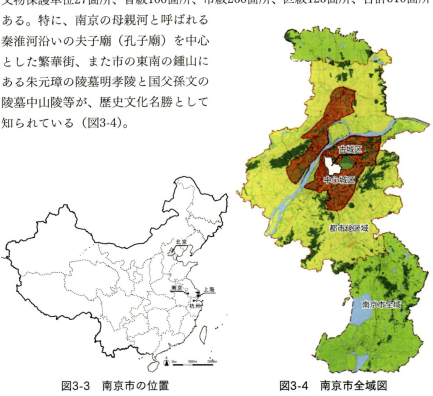

図3-3　南京市の位置　　　　図3-4　南京市全域図

3.2.2　南京城壁の概要

　南京城壁は、明代（1368〜1644年）に築かれた。当時の南京は、内から外へ、宮城、皇城、都城、外郭の四重の城壁に囲まれていたが、このうちの都城城壁のみが現存する。戦災や開発に伴って部分的に取り壊された結果、現在の都城城壁は5箇所に分かれているが、全長は25.091kmであり、25の城門が残存する[2]（図3-5〜図3-7）。

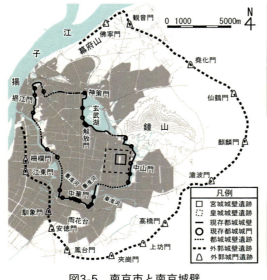

図3-5　南京市と南京城壁

図3-6　中華門の上から見る南京市の景観

図3-7　解放門の上からみる南京市内の景観

3.3　南京の都市発展と城壁の変遷

　南京市における城壁の築造は春秋戦国時代（紀元前770年－前221年）から始まったといわれている。しかしながら、当時の城壁の規模が小さく、軍事要塞として使われていた。

　三国時代（220年〜280年）の東呉が建業（南京の旧称）に遷都して以来、南京は中国歴史上の要地の1つとするようになった。その後、中華民国時代まで10の政権が南京を都とし、都市の発展に伴い、城壁も変遷してきた[注1]。

3.3.1　明朝以前の城壁と市街地の変遷

　明朝以前（229〜1368年）の南京城壁にとって重要な時期は、「六朝時代」と「楊呉南唐時代」である[30]。これらの時代には、朝廷の崩壊と社会経済の発展に伴って、旧来の城壁が取り除かれ、より大きな規模の城壁を新築し、城壁は防

85

御機能の維持とともに都市の発展に寄与した（図3-8）。

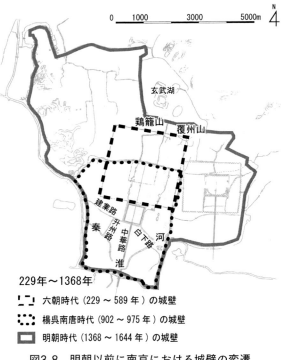

図3-8　明朝以前に南京における城壁の変遷

（1）　六朝時代

　六朝時代（229〜589年）は、東呉、東晋、宋、斉、梁、陳の6つの政権が南京を都とした時期である。三国時代の東呉が建設した建業城（229〜280年）の城壁をそのまま用いていた。

　229年、東呉の皇帝孫権は都城を武昌（現在湖北省鄂州市）から、建業（現在の南京）に遷都し、建業城を都城にした。建業城の築造年代については、現在まで明確に確定されておらず、238年から251年の間と推測されている。この時期の城壁は現存しておらず、その位置は現在の南京の古城区の中央部、鶏籠山（現在の北極閣）と覆州山（現在の九華山）の南に位置したといわれている。

城壁の平面は長方形で、全周は約8.7kmであった。当時の都城は主に宮廷と役所として使われていたため、城門の建造は南の城壁に1箇所のみと記録されている。

その後、東晋時代になると、建業城は建康城と改名され、新たに6の城門を設けた。宋時代になると、さらに12門まで増設した。南北の城壁で各4門を設け、東西に各2門を設置した[1)30)]（図3-9）。

図3-9　六朝時代の南京の様子[31)]

（2）楊呉南唐時代

楊呉南唐時代（902〜975年）になると、南京は東晋時代の建康は江寧と改名された。江寧城は南唐の都城として築かれ、六朝時代の建康城より南部に位置し、改築、増築に経て5回にわたって築かれた。城壁の平面はほぼ長方形であり、全周は約13km（当時の25里44歩）であり、5つの城門と3つの水門を設けた。宮廷と役所のみを城壁内に配置していた六朝時代と異なり、秦淮河の両岸

の住民区と商業区も城壁内に配置された。このとき建設された中華路、升州路、建業路、白下路は、現在の南京市古城区における幹線道路となっている[1)30)]（図3-10）。

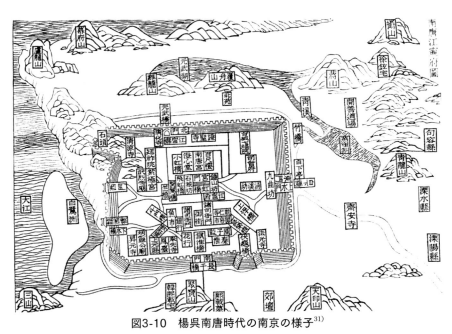

図3-10　楊呉南唐時代の南京の様子[31)]

3.3.2　明朝以降における城壁と市街地の変遷

　明朝以降における城門の建設経緯に関する既往文献[1)]をもとに、年代順に各城門の建設経緯を整理したところ、城門の変化が多い時期は、(1) 明朝時代（1368年～1644年）、(2) 清朝末期・中華民国初期（1908年～1927年）、(3) 中華民国後期（1928年～1949年）、(4) 新中国建国後から文化大革命末期（1949年～1976年）、(5) 改革開放以降（1978年～2010年）であった。ここで、各時期における城壁、城門、市街地の変遷に関して、各時期の地図をもとに考察する[注2)]（表3-1）。

（1） 明朝における風水思想による城壁の築造

　1368年に、朱元璋は明朝を創立し、南京を都とした。南京という名称は、この時期から使用された。当時の南京城は、内から外へと、宮城、皇城、都城、外郭の四重の城壁に囲まれていたが、このうち都城城壁が現存する。城壁の全長は約33km あり、13の城門が設けられていた。明朝時代の南京城は、それまでに築かれた城壁の状況、天象、自然地形との関係などをもとに計画された。城壁と城門の配置形状は、北斗七星と南斗六星の形状を援用したことが伝えられており、城壁内は3つのゾーンに区分され、太平門から通済門までの城壁に囲まれる区域は皇宮区、通済門から三山門までの城壁に囲まれる区域は居住・商業区、その他の区域は軍事区を形成していた。城壁に囲まれた敷地は約53km^{2}と広大であるため、1980年代までの南京市における市街地開発は、主に城壁内で行われた（図3-11）[1]。

図3-11　明朝時期の都城城壁と城壁

表3-1 明朝以降における城門の建設経緯（文献1を元に筆者作成）

時期	年	社会背景
明朝	1368~1644年	明朝時期
清朝末期	1636年	清朝成立
	1659年	
中華民国初期	1908年	南洋勧業会開催
	1909年	
	1912年	中華民国成立
	1914年	
	1927年	南京に遷都
中華民国後期	1928年	
	1929年	首都計画公布
	1931年	
	1933年	
	1936年	中日戦争勃発
	1937年	
	1949年	中華人民共和国建国
新中国建国後~文化大革命終了	1952年	城壁の破壊時期
	1955~1963年	
	1966年	文化大革命勃発
	1976年	
改革開放期	1978年	改革開放開始
	1982年	南京市は歴史文化名城に指定
改革開放期 以降	1991年	南京地下鉄1、2号線開通
	1997年	南京国際空港竣工
	2001年	中国がWTOに加入
	2005年~	第十届全国運動会の南京で開催

注：表中の城門以外に29箇所と幕府門が存在したが、明朝時期後にも廃止されたため、位置の確認ができない。また、7つの名称がない城門と4つの城門のトンネルもある。
● 城門の建設時期
○ 城門の修復・改築が行われた
　 城壁門が改装された

(2) 清朝末期・中華民国初期（1908～1927年）の城門の新築

　清朝になると、都に北京に移り、南京は楊呉南唐時代の旧名であった江寧に戻り、東南の中枢都市として位置づけられた。明朝時代の城壁は、老朽化による損壊が多かったため、修築が行われた。また、西の石城門は漢西門に、北東の神策門は得勝門に、それぞれ改名された。

　清朝後期になると、農民の蜂起により、太平軍と清軍によって南京で2回の市街戦が行われた。当時、大砲等の武器が登場し、南京城壁の被害は甚大であった。

　1912年に、中華民国が建国し、1927年までに北京を都とした。当時、新思想の影響を受け、旧物破壊運動が各地で行われ、南京城壁を取り除く意見もあったが、城壁の規模が大きく、一定の都市防衛機能を果たすため、そのまま残された。しかし、明朝時代に築かれた都城と皇城がこの時に壊された。

　この時期は、中国の近代化の礎が築かれた時期であり、都市の発展に伴い城壁内外を連結する交通も増えていった。特に下関埠頭の開設後に形成した新街区が流通拠点として発展し、鉄道建設などのインフラ整備が行われ、西北の城壁に草場門、金川門、四扇門、海陵門が開門した。1909年には、南洋勧業会が開催され、玄武湖公園の観光客のために豊潤門が設けられている。市街地は北西の下関埠頭や、城南に集中していた（図3-12～図3-15）。

(3) 中華民国後期（1927～1949年）の「三孔城門」

　1927年、中華民国国民政府は首都を北京から南京に遷都した。旧来の城門の名称は封建思想を含み、革命時代の理念に合わないという理由で、1928年に、中華門、共和門、光華門、中山門、玄武門、和平門、小北門、興中門、挹江門、水西門に改名された。さらに、1929年の「首都計画」公布後、大規模な都市建設が開始され、増加する人口や交通需要に対応するために、中華西門、中華東門、雨花門、武定門、中央門、新民門、漢中門等の城門の新築が行われた。また、自動車用の広幅員道路が新設され、中山門、玄武門、挹江門等の城門の形態は、従来の1つの門から歩車別に3つの門が並列する形態に改修された。

　この時期、城壁は一定の防御機能を果たしたことから保存されていたが、日中戦争による損壊が甚大であった。特に多くの城壁は、大砲による破壊によって外装に使われていた多くの煉瓦がはがれ、内部の土塁が表れた。また、南京

第3章 南京市における城壁空間の変遷と利用実態

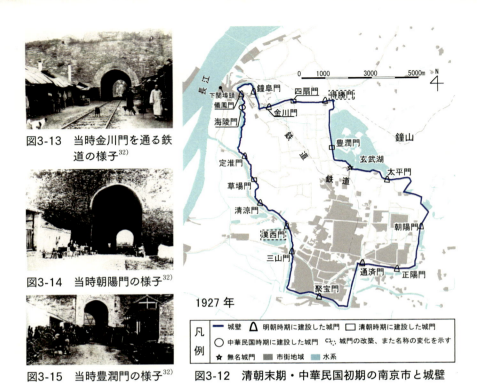

図3-13　当時金川門を通る鉄道の様子[32]

図3-14　当時朝陽門の様子[32]

図3-15　当時豊潤門の様子[32]

図3-12　清朝末期・中華民国初期の南京市と城壁

市の行政上の都市範囲が城壁の範囲より拡大したことに伴って、城壁は都市の境界ではなくなった。市街地は、新築した中山大道の沿線に拡大したが、依然として城壁に囲まれた範囲内における拡大であった（図3-16〜図3-19）。

(4) 新中国建国後〜文化大革命終了まで（1949〜1976年）の城壁の破壊

　南京市政府は、1952年の防空時に政府要人を分散するため、市政府の近くに解放門を設けた。その後、城壁の防御や都市区域を定める機能は意味を失い、城壁は都市発展の障害となり、旧物破壊運動により多くの城壁が取り除かれた。文化大革命が終わるまで、中華東門、中華西門、雨花門、武定門、通済門、光華門、中山門、太平門、中央門、小北門、金川門、鐘阜門、興中門、定淮門、草場門、漢中門、水西門の合計16門、また、約11kmの城壁が取り除かれた。以

図3-17　当時挹江門の三孔城門[32]

図3-18　当時新民門の様子[32]

図3-19　日本占領時期の漢中門[32]

図3-16　中華民国後期の南京市と城壁

前、連続していた城壁は分断されて市街地の中に散在する形になった。

　この時期、南京市における建設工事は城壁内に集中しており、江蘇省政府や南京市政府等行政機関が城内北部の未利用地に立地し、南京軍区等軍の施設は城内の東部に多く建設された。それ以外、城壁に近い地区に新市街も形成され、城外の新市街の開発が始められた。

　当時、中国における歴史的環境の保全や観光活用等の概念が未だ存在しておらず、残存した城壁は、主に周辺住民の休憩活動の場として利用されていた（図3-20〜図3-23）。

図3-21 金川門を撤去した時の様子[32]

図3-22 武定門を撤去した後の様子[32]

図3-23 70年代の中華門の周辺[32]

図3-20 中華民国後期の南京市と城壁

(5) 改革開放後の城壁の再生（1978年～2010年）

　1982年、南京市は「歴史文化名城」に指定され、残存する城壁は重要な文化遺産として保護されることになった。城門の建設は、1991年に南西の城壁に集慶門を設ける以外には行われなかった。

　2001年、南京市で第十回全国体育大会の開催が決定し、大規模な都市開発が始まった。交通量の増加に合わせて、古城区の東、西、南方向における城壁残存部分に標営門、華厳崗門、長干門が新たに設けられた。それまでは、ハード面の整備のみを重視していたが、この時期からようやく都市の文化や特色の発掘などのソフト面を考慮した計画が重視されるようになり、城壁は独特な地域

特色と歴史文化のシンボルとして修復・再建されるようになった。特に、南京市の正面玄関である中華門付近にあった城壁の周辺は、主に古い低層の住居と堀を中心とした緑地帯であるため、南京市政府は、景観の価値と城壁跡地の低層の住居を移す予算が少ないことを考慮して城壁を再建し、周辺の自然環境と旧市街地を一体的に保全する計画を制定した。また、城壁の一体性を確保するため、道路の建設時に壊した20の城門とトンネルを再建した。現在約23kmの城壁は5箇所に分断され、25の城門が現存する。

市街地は地下鉄の建設に伴い、オリンピック体育センターを中心とした新城区が形成され、さらに近年になって長江や鐘山を越えて拡大する計画となり、城壁で囲まれた古城区の範囲の市街地全体に占める割合は減小している（図3-24〜図3-26）。

図3-25　中華門周辺の城壁と民居

図3-26　儀鳳門周辺の城壁と市街地

図3-24　現在の南京市と城壁

95

3.4 南京市における城壁空間の特徴と類型

3.4.1 城壁周辺の土地利用

　南京城壁保護計画に基づき、城壁周辺の土地利用に関する現地調査を行った。近年、南京市政府が城壁の修復・再建工事を行ったことにより、城壁は、観光や市民公園の一部として利用されるようになった。城壁の外側は、全長の約60%が公共緑地として整備され、隣接地には5軒の高級飲食店が散在している。また、西側の清涼門と華厳崗門の周辺には高層住宅も建設されている。城壁の内側は、全長の約15%が公共緑地として整備されたが、約85%には居住、公共施設、工業等が立地している（図3-27）。

図3-27　現存する城壁と周辺空間の利用状況

3.4.2　城壁空間の特徴

　現存する城壁について北西部の新民門付近を起点とし、約300mを単位長とする78地区に区分した[注3]。各地区の踏査、測量調査、資料調査により、以下のデータを作成した[注4]。

　（1）城壁空間と隣接する空間の機能：1住居、2商業、3業務、4レクリエーション、5交通、6その他（未利用地、軍事用地等）。

　（2）城壁の利用状況：1「入場できる（無料）」、2「入場できる（有料）」、3「入場できない」。

　（3）城壁の物理的特徴：城門の数、昇降点数、城壁の上面の平均幅（m）、平均高さ（m）。

　城壁空間をみると、内側は55地区（約70％）が業務用地、軍事用地等に隣接し、空間の範囲は狭い。外側は50地区約65％がレクリエーション機能であり、14地区約15％の隣接地は幹線道路となっており、空間の範囲も狭い。城壁空間との一体的な開発は、16地区約20％であり、全て緑地として整備された地区である。また、20地区約25％の城壁の両側は、その他の機能であり、城壁空間が狭く周辺との連結性はない。城壁の利用状況では、16地区約20％は無料で入場が可能、13地区約17％は有料で入場が可能であるが、49地区約63％は入場できない。

　城壁の平均高さについては、6地区約8％は10m以下、34地区約43％は10m〜15m以下、31地区約40％は15m〜20m以下、7地区約9％は20m以上である。城壁の上面の幅については、20地区約26％は5m以下、32地区約41％は5m〜10m以下、26地区約33％は10m以上であり、整備すれば観光資源となる可能性のある地区が多いにもかかわらず、昇降点の数が14箇所と少ないため、現状では利用し難い（図3-28）。

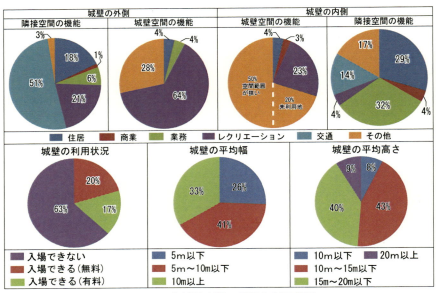

図3-28　各城壁空間の機能と利用状況

3.4.3　城壁空間の分類

　区分した78地区をサンプルとし、城壁空間と周辺の機能、城壁の利用状況、城壁の物的特徴に関する3アイテム、13カテゴリーを変数として、SPSSを用いて階層クラスター分析（グループ間平均連結法）を行った。その結果、結合距離9でクラスタライズすると、空間的特徴の傾向の似ている城壁空間を4グループに類型化することができた。それぞれのグループの特徴を踏まえた今後の保全・整備に関する方針について分析を行う（表3-2、図3-29）。

表3-2　クラスター分析を用いる変数

調査地点	城壁の外側 隣接空間の機能	城壁の外側 城壁空間の機能	城壁の内側 城壁空間の機能	城壁の内側 隣接空間の機能	城壁の利用状況	P. 城門の数	Q. 城壁の昇降 点の数	R. 城壁の上面の平均幅(m)	S. 城壁の平均高さ(m)
1	5	4	4	1	2	0	1	5	11
2	5	4	4	1	2	0	0	4	10
3	2	4	4	1	3	0	0	4	12
4	4	3	4	3	2	0	1	4	12
5	3	4	6	3	1	1	1	5	13
6	3	4	4	1	1	0	1	5	11
7	1	4	4	1	1	1	1	5	10
8	1	4	4	3	1	0	0	6	12
9	6	4	6	2	1	0	0	6	14
10	1	4	6	2	1	0	0	6	11
11	1	4	6	3	1	0	0	4	11
12	1	4	4	1	1	1	1	4	9
13	5	1	6	3	1	0	0	4	8
14	5	1	6	3	1	0	0	4	9
15	5	1	6	6	1	0	0	5	13
16	4	4	4	5	1	0	1	5	15
17	4	4	4	3	1	0	0	5	10
18	4	4	4	1	1	1	1	4	9
19	4	4	6	3	3	0	0	8	12
20	4	6	6	3	3	0	0	15	15
21	5	6	6	1	3	0	0	15	15
22	5	6	6	3	3	1	0	15	15
23	5	6	6	3	3	0	0	15	15
24	5	4	6	3	3	0	0	15	15
25	5	4	6	3	3	0	0	15	15
26	4	4	1	5	3	0	0	15	15
27	5	4	1	5	3	1	0	15	15
28	4	4	1	5	3	1	0	15	15
29	4	4	4	5	3	0	0	16	16
30	4	4	6	5	3	0	0	17	18
31	4	4	6	1	3	0	0	17	19
32	4	4	6	3	3	0	0	18	20
33	4	4	4	1	3	1	0	17	19
34	4	4	6	1	3	0	0	17	18
35	6	3	6	3	3	0	0	16	16
36	5	6	6	1	3	1	0	14	14
37	5	6	2	4	3	0	0	13	13
38	5	6	6	1	3	0	0	13	13
39	4	4	6	1	3	0	0	13	12
40	4	4	6	3	1	0	1	3	7
41	1	4	6	2	3	1	0	3	8
42	1	4	6	1	3	0	0	4	15
43	1	4	6	1	3	1	0	4	15
44	1	4	6	3	3	0	0	5	16
45	1	4	6	3	3	0	0	4	14
46	1	4	4	1	1	1	2	4	13
47	5	6	6	1	3	0	0	3	17
48	5	6	6	6	3	0	0	4	14
49	5	6	6	6	3	0	0	4	12
50	4	6	6	6	3	0	0	5	12
51	4	6	6	6	3	0	0	5	12
52	3	6	6	3	3	1	0	5	12
53	3	6	6	3	3	0	0	5	11
54	4	6	6	3	3	0	0	4	14
55	4	6	6	6	3	0	0	4	14
56	5	6	6	6	3	0	0	4	14
57	5	6	6	6	3	0	0	3	15
58	5	6	6	6	3	0	0	3	15
59	5	6	6	6	3	0	0	4	14
60	1	6	6	4	2	0	1	12	22
61	5	4	6	4	2	0	0	12	22
62	5	4	6	1	2	0	0	12	22
63	5	4	6	1	2	0	0	12	22
64	5	4	6	3	2	0	0	12	22
65	1	4	6	5	2	1	1	12	22
66	5	4	6	5	2	0	1	6	16
67	5	4	4	5	2	0	0	6	17
68	5	4	6	5	3	0	0	6	15
69	5	4	6	1	3	0	0	5	15
70	5	4	2	5	3	1	0	5	13
71	5	4	6	1	3	0	0	5	13
72	5	4	6	3	3	0	0	5	15
73	5	4	6	3	3	0	0	5	15
74	5	4	6	1	3	0	0	6	15
75	5	4	6	3	3	0	0	6	16
76	3	6	6	6	3	0	0	6	17
77	1	6	6	6	3	0	0	6	16
78	5	4	6	6	2	0	0	6	13

図3-29　クラスター分析の結果

(1) 未整備隔離型（34サンプル）

　城壁の上面の幅が約5m、高さは15m前後であり、城壁の内側は未整備の盛土や業務用地等の閉鎖的な区域であるため、城壁へのアクセス性が悪く、城壁空間の範囲は比較的狭い。外側は主に単体の現代的住宅やオープンスペースが立地するが、内側と異なる機能であり、空間の一体性に欠ける。また、市民の生活や活動等との関わりが薄く、周辺環境から隔離され、歴史感に欠けるところもある。今後、城壁空間を一体的に捉え、城壁への路地や視線コリドー等のアクセス方法を整備しつつ、市民の活動場所とする歴史的環境を整備する必要がある（図3-30）。

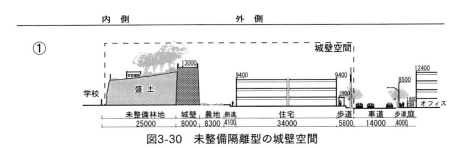

図3-30　未整備隔離型の城壁空間

(2) 公園整備一体型（18サンプル）

　城壁の幅は約5m、高さは10m前後であり、城壁空間は一体的に市民公園として開発され、空間の一体性が強く、市民の休憩場所として活用されている。しかし、城壁の昇降点の数が少なく、さらに内側は山地や盛土に立地しており、斜面が整備されていないため、城壁内外の連結が希薄であり、公園の整備は、城壁の位置づけを十分生かしていない。今後、城壁の歴史感を保持しつつ、昇降点を増設した上で、城壁に関わるイベントや文化的活動等、ソフト面の取組みを整備することが課題である（図3-31）。

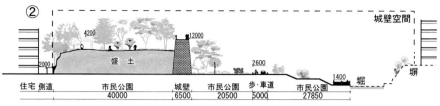

図3-31 公園整備一体型の城壁空間

(3) 高台視点場型（6サンプル）

　城壁の幅は約12m、高さは約20mであり、上面が整備され、伝統様式の建物を設置されている。城壁空間の周辺には景観資源（鶏鳴寺、玄武湖、鐘山等）が豊富であり、城壁の上面に立つと、周辺の自然・都市景観、また古城区のスカイラインを眺める視点場とする機能を有している。これらは観光化されており、外来の観光客に向けて南京市を展示する場として活用されているが、市民の利用は殆どない。今後、周辺の景観資源と結びつけ、景観を見る視点場として整備しつつ、市民との関わりを深める地域資源としての整備が待たれる（図3-32）。

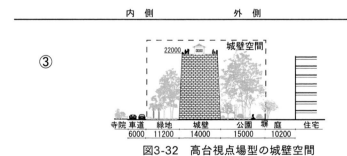

図3-32 高台視点場型の城壁空間

(4) 境界区分型（20サンプル）

　城壁の幅は約15m、高さは約15mである。内側は、主に煉瓦と木造の独立低層住宅が立地し、老朽化しているところがある。城壁の外側は、堀までの範囲

101

に建物がなく、緑地と道路が立地しているため、開放的な空間となっている。また、城門の数は多いため、アクセス性が良いところが多い。城壁が周辺より高く突出しており、しかも城内外の市街地の空間の雰囲気が異なるため、城壁空間は新旧市街の境界としての性格が強い。今後、城壁本体を活用し、周辺の民間木造住居と一体的に整備し、歴史感の強い城壁空間を形成することが課題である（図3-33）。

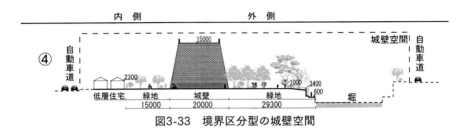

図3-33　境界区分型の城壁空間

3.5　南京市における城壁の現代的役割と課題

3.5.1　城壁の現代的役割

（1）　歴史文化のシンボル性

現存する南京城壁は、約650年の歴史文化の特徴を反映するシンボルとしての役割を有する。軍事的な役割を失ってはいるが、中国古代の礼制文化や風水思想を具現化する建造物として、また築造技術の変遷をみることができる。

（2）　古城区に対する城門のゲート性

南京市の城壁は新旧市街地を区分しているが、城内にある古城区と城外にある新市街とでは、街並みと雰囲気が異なっている。城壁は、都市全体を認識する上で古城区のゲートとしての役割を果たしている。

（3）　城壁内外を眺望する視点場

城壁は、遠方の敵情を偵察する軍事機能を持ち、高い建物が少なかった古代

には珍しい眺望高台であった。現代においても、南京市の都市と自然の景観を
眺望する視点場として機能している。

（4） 地域資源としての市民活動の場

　新中国の建国後、1980年代後半まで、城壁を歴史資源や観光資源として認識
しない空白期があったが、多くの城壁空間が市民の休憩や遊びの場として機能
していた。現在でも、一部の城壁が市民公園として整備され、市民の休憩所と
して地域生活と関わっている。

3.5.2　城壁空間の課題

（1） 周辺空間との不調和

　南京市では、一般の来訪者が入場できない城壁は全体の約60％あり、城壁へ
のアクセス性が悪いために、城壁と周辺空間の関係が弱い場所が多い。城壁空
間への路線の設置や城壁内側の整備を行ない、城壁両側の連携を強める必要が
ある。同時に、城壁空間と周辺の住宅を囲む塀等の人為的な障害を撤去し、市
民が自由に入場できる城壁を増やし、城壁空間の機能と周辺の都市機能との関
連性をもたせ、地域資源として周辺との融合を図る必要がある。

（2） 回遊動線の不備

　2章でみたように、南京城壁は大規模かつ分断型であるため、一周して回遊
することが難しい。そのため、分断されている5箇所の城壁を周辺の住居や緑
地等の景観資源と結びつけ、回遊性を高める必要がある。しかしながら、無料
で入場できる城壁は20％であり、城壁の昇降点の数は14箇所と少なく、城壁を
巡るための回遊性は極めて低いため、今後、これらの課題を解決し、回遊動線
を整備することが必要である。

（3） 画一的な整備・活用方法

　近年、南京城壁を観光資源として復元し、城壁周辺の山林地や堀沿いの空間
を公園として整備が進められているが、その多くは、緑地としての計画であり、

103

城壁と周辺空間の特徴は十分に考慮されていない。今後、異なる城壁空間の特徴を活かし、空間全体をより総合的に捉え、多様な空間を形成するための取組みが必要である。また、観光資源としての城壁の活用だけではなく、教育面での利用や城壁に関連するイベントの開催等、多面的な活用が望ましい。

3.6 おわりに

本章では、現在の中国において残存規模が最大であり、今後の保全が期待される南京市の城壁空間を対象として、文献調査と現地調査に基づく分析により、以下のような知見を得た。

（1）南京市の都市形成に伴う城壁の築造、都市の近代化に伴う形態と名称の改変、文化大革命時の破壊、改革開放による観光資源としての再生等の城壁の変遷と都市の成長との関係性を明らかにした。

（2）城壁空間の機能、城壁の利用状況、城壁の物理的特徴等をデータとするクラスター分析により、城壁空間を、未整備隔離型、公園整備一体型、高台視点場型、境界区分型の4つのタイプに分類し、それぞれの特徴と今後の保全方針を提示した。

（3）歴史文化のシンボル性、古城区に対する城門のゲート性、城壁内外を眺望する視点場、市民活動の場等、城壁の現代的役割を再考した上で、周辺空間との不調和、回遊動線の不備、画一的に観光資源化を目的として整備されていること等、城壁空間の課題を示した。

南京城壁は、都市の成長に適応しつつ更新し続けてきており、城壁の役割も社会の発展に伴って変化し、現在では文化財や観光資源として保全・整備されているが、多くの課題が未だ残されている。そこで、各類型の城壁空間の特徴を活かしつつ、空間全体をより総合的に捉え、多様な空間を創出することが求められる。また、城壁の活用は、観光面が主であるが、中国古代の礼制文化や風水思想等を具現化する歴史文化のシンボル性、都市全体を認識する上で古城区のゲートとしてのゲート性、都市と自然の景観を眺望する視点場、地域資源としての市民活動の場等の城壁の現代的役割を再評価した上で、教育面の利用

や城壁に関連するイベントの開催等、多面的な活用をしていくことが望ましい。

注

注1）東呉、東晋、宋、斉、梁、陳、南唐、明、太平天国、中華民国をさす。

注2）1927年の縮尺二万五千分の一の地形図（英語版）、1942年の縮尺二万分の一の
南京市市街図、1988年の二万分の一の南京城区図（参考文献1)30）により70
～80年代において城壁と市街地域に大きな変化がないことから、1988年の地
図を使用した）および2010年の電子地形図（南京市都市計画研究院）を使用
している。

注3）視対象が人の場合、近距離景と中距離景の区分指標である300m を用いてい
る[33]。

注4）城壁の高さは、南京市城市建設档案館における南京城墙断面図をもとに実施
した現地測量の結果による。

参考文献

1）楊国慶，王志高：南京城墙志，鳳凰出版社，2008（中国語）

2）ルイス・マンフォード著，生田勉訳：歴史の都市　明日の都市，新潮社，1969

3）王成康・出口敦：南京市における城壁の機能変容と保全に関する研究，日本
建築学会大会学術講演梗概集 F-1，pp125-126，2010

4）高柳伸一：ララチェの城壁の実施案が成立する経緯：フェリペ３世のスペイ
ンによるアフリカ北西部における軍事拠点作り（1），日本建築学会計画系論
文集，623，pp.227-234，2008.1

5）黄蘭翔：台湾新竹城における城壁の形成について，日本建築学会計画系論文
報告集，438，pp.97-107，1992.8

6）許京松・石丸紀興：古代中国における『古城壁』の計画理念に関する考察，日
本建築学会大会学術講演梗概集 F-1，pp.493-494，1999

7）久保田和男：北宋首都開封の城壁について～神宗の外城修築を中心として～，
長野工業高等専門学校紀要，39，pp.69-80，2005

8) 李立，閻莉：南京明城墻的歴史演変，学理論，20，pp.126-128，2009（中国語）

9) 王少華：明代南京城墻的建造，現代城市研究，04，pp.11-14，1995（中国語）

10) 于淼，馬凱：中国城市建設史中的城墻，建築設計管理，01，pp.40-42，2008（中国語）

11) 徐旺佑，韓三建「国史跡邑城における城壁の復元と整備に関する考察：韓国における史跡の保存整備の動響と特徴に関する研究 その1」日本建築学会計画系論文集，630，pp.1839-1845，2008.8

12) 薛凱，陳薇：南京明城墻保護及其相関植物，建築与文化，02，pp.92-95，2010（中国語）

13) 沈承寧：論南京城墻之歴史価値与世界文化遺産之申報，現代城市研究，06，pp.47-55，2007（中国語）

14) 周琦，王為：南京明城墻保護和利用的設想，建築与文化，09，pp.24-27，2008（中国語）

15) 周琦，王為：南京明城墻改造構想，建築与文化，09，pp.28-29，2008（中国語）

16) 付暁渝：中国古城墻保護探索，北京林業大学博士論文，2007（中国語）

17) 李兵：建国后西安明城墻的保護歴程及其启示，四川建築，01，pp.10-12，2009（中国語）

18) 楊宏烈：論城墻保護与園林化，中国園林，14，pp.4-8，1998（中国語）

19) 李玉堂，潘琴：城市意象之城壁情結—荊州古城墻価値及保護策略分析，華中建築，24，pp.128-130，2006（中国語）

20) 刘正平：南京明城墻風光帯規劃，城市規劃，04，pp.65-69，2001（中国語）

21) 周琦，王為：重拾被遺忘的時光—南京明城墻改造概念設計，建築与文化，10，pp.41-44，2008（中国語）

22) 斉佩文：論南京市明城墻風光帯的開発，江蘇林業科技，s1，pp.14-18，1998（中国語）

23) 馮囡，青鋒：談西安西城門内側公共空間的営造，新建築，01，pp.58-61，2004（中国語）

24) 曹新響，瞿鴻模，梁留科：開封古城墻旅游開発的設想，現代城市研究，05，pp.73-76，2003（中国語）

25) 馬海涛，秦耀辰：論城墻対城市建設的影响—以開封城墻為例，城市門題，04，pp.42-46，2007（中国語）

26) 陳薇，楊俊：囲与穿—南京明城墻保護与相関城市交通発展的探討，建築学報，09，pp.64-68，2009（中国語）

27) 陳緒冬：南京明城墻風光帯保護開発中的道路規劃，城市規劃，04，pp.70-73，2001（中国語）

28) 周宇，張暁莉，邢琰：城市線性開放空間的生長研究—以南京明城墻地帯為例，北京規劃建設，04，pp.95-98，2006（中国語）

29) 南京市政府公式ホームページ，http://www.nanjing.gov.cn/njgk/（参照2011.05.06）

30) 蘇則民編：南京城市規劃史稿，中国建築工業出版社，2008（中国語）

31) 陳沂撰：金陵古今図考，南京出版社，2006（中国語）

32) 楊新華編：南京明城墻，南京大学出版社，2006（中国語）

33) 萩島哲編：都市計画，朝倉書店，2003

第4章

南京市における城壁の保全に関する法制度
及び計画の特徴と課題

第4章　南京市における城壁の保全に関する法制度及び計画の特徴と課題

4.1　はじめに

4.1.1　研究の背景

　1949年の新中国創立以降、文物[注1]保護に関するそれまでの取組みはすべて廃止された。1960年代半ばまでに、保護に関する一連の法令が新たに公布され、保護制度の一応の確立をみたが、文化大革命（1966～1976年）の時期にすべて廃止された。改革開放による経済の成長とともに、中国政府は文物保護を再び重視するようになり、中華人民共和国文物保護法（以下、文物保護法）の改訂（2002年）をはじめとして、数多くの文物保護に関する法令、法規を公布し、文物保護を開発による破壊に対する保護が一層強く求められるようになった。そのなかでも、2003年に公布された「文物保護工程管理弁法」は、文物に対する保護計画の策定をはじめて法的に規定したものであり、2004年には、「全国重点文物保護単位保護規劃編制審批弁法」と「全国重点文物保護単位保護規劃編制要求」を公布し、全国重点文物保護単位の保護計画を策定するための指針と内容・構成を具体的に規定している。中国における多くの都市で全国重点文物保護単位の保護計画が策定される一方で、経費の不足等の理由によって未だ策定されていない都市も多い[1]。

　中国における現存する城壁のうち、規模が最大の南京城壁は、1988年に全国重点文物保護単位に指定され、現在、他の7都市にある城壁とともに、「中国明清城壁」として中国の世界遺産申請の予備リストに挙げられている[注2]。南京市は、城壁の保護計画の制定や更新に取り組み、2003年と2004年に国が公布した新たな施策を受けて、南京城壁保護計画（2008～2025）を全国に先駆けて公布している[2]。

4.1.2　研究の目的

　本章は、南京城壁と周辺空間を保全するための法制度や計画を対象として、城壁の保全に関わる法制度の特徴と課題を明らかにするとともに、城壁空間の利用実態を踏まえた法制度の改善方針について提案することを目的とする。具体的には、以下の3点について論じる。

（1）城壁の保全に関する法制度の特徴
（2）全国重点文物保護単位保護計画の変遷と策定
（3）南京城壁保護計画の特徴と課題

4.1.3　研究の方法

　まず、文献調査をもとに、城壁の保全に関する法制度、南京市における城壁の保全に関わる法規の変遷と特徴を把握する。

　つぎに、国家文物局等データベース[3]をもとに、法規の公布・修正に関する通達・通知を対象とする文献調査、東南大学建築設計研究院[注3]に対するヒアリング調査（2013年2月14日）を行い、中国における文物保護計画の変遷、全国重点文物保護単位保護計画の特徴と制定上の課題を明らかにする。

　さらに、南京城壁と周辺の状況に関する現地調査、東南大学建築設計研究院及び南京市計画設計研究院に対するヒアリング調査（2013年2月16日）を行い、南京城壁の保護計画の変遷、計画の特徴と課題を考察した上で、保護計画の変遷からみた新たな施策による計画に与える影響について分析する。

4.1.4　既往研究

　文物の保護に関する研究は、（1）法制度の整備や特徴に関する研究[4)-26)]、（2）保護の歴史と思想に関する研究[2)27)-32)]、（3）保護における住民活動・運動に関する研究[33)34)]、（4）保護の手法や技術に関する研究[35)-37)]、（5）保護事業に対する分析・評価に関する研究[38)-44)]、（6）保護計画に関する研究[1)45)-56)]に大別できる。

保護計画に関する研究では、歴史的都市、地区の保全計画に着目するものが多いが、文物の保護計画に関するものは少なく、南京城壁と周辺空間を保全するための法制度や計画を対象として、城壁の保全に関わる法制度の特徴と課題を明らかにするとともに、城壁保護計画の変遷に国の施策が与えた影響と今後の課題をを扱う研究は見られない。

4.2 城壁の保全に関する法制度

4.2.1 中国における文物の保護体系と城壁の保全

（1） 文物の保護体系の変化

文物保護法（1982年）と文物保護法実施細則（1992年）によって、歴史文化遺産は、文物、歴史文化地区、名城の３種に分類された。文物は、可移動文物と不可移動文物に分けられ、不可移動文物は、重要度に応じて、市県級文物保護単位、省級文物保護単位、全国重点文物保護単位の３ランクに分けて指定された。

文物保護法に対する第一次修正（1991年）、改訂（2002年）、第二次修正（2007年）を経て[注4]、保護体系は変化してきた。まず、文物は可移動文物と不可移動文物の２種類に分けられ、歴史文化地区、名城は、それぞれ、歴史文化街区、村鎮、名城として不可移動文物に認定されることとなった。また、一定の歴史的価値を有する古建築、古構造物等の不可移動文物は、指定待ちの不可移動文物（待指定不可移動文物）として、県が登録することとなった。これらの歴史文化遺産に関する具体的な保護措置は明記されていないが、破壊行為があった場合、県が調査・処理をしなければならない（図4-1）。

113

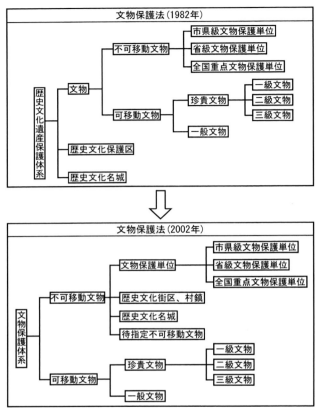

図4-1 文物保護法における文物の保護体系の変遷[注5]

(2) 城壁の保全に関する法制度

　文物保護法により、「古建築は当該法律の保全対象となる」と規定されているが（第1章第2条1項）、城壁が保全対象となるためには、文物保護単位として認定を受ける必要がある。認定に際しては、市、省、国の各レベルの行政が、城壁の歴史的価値を評価した後に、城壁の文物の等級を指定する必要がある。各省の文物保護単位リストを調べた結果、281箇所の城壁が指定されている（2010年）（図4-2）。

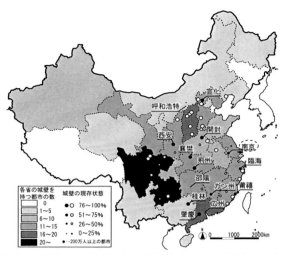

図4-2 文物保護単位として認定されている城壁の分布

　城壁が文物保護単位として認定された後、保全にあったては文物保護法と各省等の条例により保護されている。その以外には、中華人民共和国文物保護法実施条例、文物保護工事管理方法、文物保護工事資格管理方法、文物保護工事勘査と設計資格管理方法等の法規にも関わっている。また、城壁の保全は、都市計画、建築、自然環境などの各分野に関わるため、それぞれの法規も関係している（表4-1）。

表4-1 城壁保全に関連する国が定めた法律、法規

名称	制定年	城壁保全に関わる内容
中華人民共和国文物保護法	2002（修訂）	城壁が保全対象となるには、国が文物保護単位として認定する必要がある
中華人民共和国文物保護法実施条例	2003	文物保護法に従い、保護に関する詳細な規定
文物保護工程管理方法	2003	修復工事の実施プロセス、維持管理の内容等に関する規定
文物保護工程施工資質管理弁法	2005	修復工事を実施する機構の分級、及び認定方法に関する規定
文物保護工程勘査設計資質管理弁法	2005	保護計画の制定や考古勘査をできる機構の分級、及び認定方法に関する規定

115

4.2.2　南京市における城壁の保全に関する法制度の変遷

　南京市は1982年に中国政府によって歴史文化都市（歴史文化名城）に指定され、さらに1988年に南京城壁は全国重点文物保護単位として認定されて以来、文物保護法、江蘇省文物保護条例等に基づいて、城壁の保全に関わる市条例を7回にわたって公布している（表4-2）。

　1982年7月に、南京市政府は「関于公布南京市文物古跡保護管理弁法的通知」を公布した。法令の中では、城壁が文物を属することを認定し、城壁を破壊する行為をすべて禁止する旨を規定した。

　1982年8月に、市政府は城壁の保全に限定する法規「南京市人民政府関于保護城墙的通知」を全国で始めて公布した。城壁の保全を強調した上で、城壁内外両面の15m以内に保護区域、保護区域から50m以内に規制区域を設置し、保護区域における占用、破壊行為を禁止し、規制区域における新築、改築を行う

表4-2　南京城壁の保全に関する条例の変遷

年	法規	保護区域		規制区域		その他
		定義	特徴	定義	特徴	
1982.07	「関于公布南京市文物古跡保護管理弁法的通知」	—		—		城壁が文物に属することを確定
1982.08	「南京市人民政府関于保護城墙的通知」	城壁内外両面の15m以内	占用、破壊禁止	保護区域から50m以内	建物を新築、改築する時政府の許可が必要	—
1989	「南京市文物保護条例」	保護区域の外縁は城壁内外両面から15m以上離れた位置に定める	非文物の建物は取り除く必要があり、拡張、改築、新築をしてはならない	規制区域の外縁は城壁内外から50m以上離れた位置に定める	—	
1995	「南京城墙保護管理弁法」	現存城壁の保護地域に、一般地域と特殊地域と設定し、一般地域は城壁内外両面から15m以上、特殊地域は「南京城壁保護規劃」に基づく	非文物の建物は除却免除許可を持つことができる。道路建設の許可を持つことができる	現存城壁内外から50m以上離れた位置に定める	建設活動は法律の内容に従わなければならない新築の建物は城壁周辺の環境と協調する	①南京城壁の法体制の範囲は現存の城壁だけでなく、遺跡と壊された部分も対象とする②「南京城壁保護規劃」を作成する③城壁の遺跡と取り壊された部分に対する開発方法を定める④城壁を利用した利潤活動を行う場合は政府の許可を得なければならない⑤城壁の補修と保護の経費の出所を確定する
1997	「南京市文物保護条例」（修正）	—	—	—	—	1989年の旧条例に対する修正、城壁に関する規定の変更はない
2004	「南京城墙保護管理弁法」（修正）	—	—	—	—	城壁を利用した利潤活動を行う場合は政府の許可が必要、かつ、法律の内容に従わなければならない
2010	「南京市歴史文化名城保護条例」	城壁と遺跡内外から30m以内	新築を禁止	城壁と遺跡内範囲内	新築の建物の高さ制限は12mとなっている	文物管理部門が確定した城壁の跡地上の建造物・構造物を取り除く必要がある

時に政府の許可が必要であること規定した。

1989年に、「南京市文物保護条例」が公布された。城壁の保護区域の外縁は城壁内外両面から15m以上に離れた位置に定め、区域内における非文物の建物は取り除く必要があり、拡張、改築、新築をしてはならないことを規定した。また、規制区域の外縁は城壁内外から50m以上離れた位置に定めることを規定した。

1995年に、「南京城墻保護管理弁法」が公布され、現存城壁の保護地域における一般地域と特殊地域を設定し、一般地域は城壁内外両面から15m以上、特殊地域は南京城壁の保全計画を設置したものに基づくことを規定した。保護区域内の非文物の建物は除却免除許可を持つことができ、道路建設の許可を持つこともできるようになった。また、規制区域は現存城壁内外から50m以上離れた位置に定めることを規定し、前回公布した規定より範囲が縮小された。それ以外、南京城壁の保全対象は現存の城壁のみではなく、遺跡と壊された部分も対象とすること、南京城壁保全計画を作成すること、城壁の遺跡と取り壊された部分に対する開発方法を定めること、城壁を利用した利潤活動を行う場合は政府の許可を得なければならないこと、城壁の補修と保護の経費を各級政府の財政予算で確保すること等について規定した。城壁の保全はより詳細になっている一方、都市の開発や再開発を行うため、保護区域と規制区域の範囲設定や開発行為に関する規定は以前より緩和された。

その後、1997年に「南京市文物保護条例」、2004年に「南京城墻保護管理弁法」の修正を行ったが、城壁保全の規定について大きい変化がなかった。城壁を利用した利潤活動を行う場合は、政府の許可が必要であり、法律の内容に従わなければならないことを加えた。

2010年に公布された「南京市歴史文化名城保護条例」において、保護区域は城壁と遺跡内外から30m以内と規定し、区域内の新築は全て禁止するようになった。規制区域は城壁と遺跡内外から50m範囲内で、新築の建物の高さ制限は12mと規定した。また、現存する城壁の形態を改変することは禁止され、城壁遺跡上の建造物・構造物等を取り除く必要があることも規定した。

南京市おける城壁の保全に関しては、＜規制―緩和―規制＞という段階的な変遷をたどっている。2010年から実施された南京市歴史文化名城保護条例では、

城壁形態の改変は禁止されており、周辺環境へのコントロールにも厳しい規制を加えている。現在まで、城壁周辺空間に対する開発行為は、基本的には「南京市城市総体規劃1991〜2010」（2001修正）の下でのそれぞれの地区における「修建性詳細規劃」をもとに進められている。しかし、これは城壁を保全するための計画ではなく、保護条例の制限に違反しない範囲でいくらでも開発でき、城壁との調和や関連性などを考慮していない。南京市歴史文化名城保護条例をもとにした周辺空間の開発基準に関わる法令は制定されていない（図4-3）。

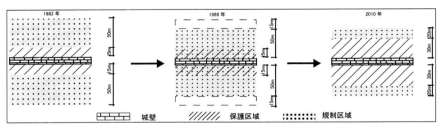

図4-3　南京城壁における保護区域と規制区域の変遷

4.3　全国重点文物保護単位保護計画の変遷と策定

4.3.1　文物保護に関する計画の変遷

(1)　都市計画における保護規定

1982年の文物保護法では、市・県に対して文物の保護計画の策定義務を規定しなかったが、都市計画を策定する際に、行政区域内の各級文物の保護に関する措置を同時に策定し、各文物の保護範囲と規制範囲を定めることを規定した（第10条）（表4-3）。

(2)　歴史的地区等の面的保護計画

国家文物局は、1983年に公布した「関於加強歴史文化名城保護規劃的幾点意見」において、歴史文化名城保護計画の策定義務を規定し、また、1984年に公布した「城市規劃条例」において、都市計画の中で文物保護に関する内容、歴

史文化名城保護計画の策定義務を規定した。また、1994年に公布した「歴史文化名城保護規劃編制要求」において、歴史文化名城保護計画の目標、策定原則、内容構成等を具体的に定めた。

さらに、2002年に改訂した文物保護法では、県級以上の自治体は文物保護に関する事業を国民経済及び社会発展計画のなかで定めることとし、所要経費を財政予算で確保するとともに、歴史文化街区、村鎮、名城として指定された区域では、都市計画の一部としての保護計画の策定義務を規定した。

表4-3　保護計画の変遷

年	法律、法規	保護計画の要求
1982	中華人民共和国文物保護法	都市計画に各級文物の保護範囲と規制範囲などの保護に関する措置を制定することを規定
1983	関於加強歴史文化名城保護規劃的幾点意見	歴史文化名城保護計画の策定義務と、計画の原則、内容、方法を規定
1984	城市規劃条例	都市計画に文物保護、歴史文化名城保護計画等の策定義務を規定
1994	歴史文化名城保護規劃編制要求	歴史文化名城保護計画の目標、原則、内容構成を規定
2002	中華人民共和国文物保護法　改訂	文物保護に関する事業を国民経済と社会発展計画に入れる必要があること、及び歴史文化街区、村鎮、名城として指定された区域で、保護計画の策定義務を規定
2003	文物保護工程管理弁法	文物保護計画の策定を規定
2004	全国重点文物保護単位保護規劃編制審批弁法	全国重点文物保護単位保護計画の策定方針、目標、原則、審議方法を規定
	全国重点文物保護単位保護規劃編制要求	全国重点文物保護単位保護計画の内容構成を規定

（3）　点的文物保護計画の展開

2002年、中国古跡遺址協会は、文物保護を進めるため「中国文物古跡保護準則」を策定した。2003年に国家文物局が公布した「文物保護工程管理弁法」では、文物保護計画の策定をはじめて規定した。2004年に公布された「全国重点文物保護単位保護規劃編制審批弁法」と「全国重点文物保護単位保護規劃編制要求」により、全国重点文物保護単位保護計画の策定指針と内容構成を具体的に定めた。保護計画は、所在地の国民経済と社会発展計画、城郷建設発展計画の一部として位置づけ、生態保全、環境保全、土地利用等計画と整合する必要があるとした。しかし、文物保護法は保護計画の策定義務を規定していないため、計画の策定は文物の存する市・県に任されており、実際に策定していない

市・県も存在する。また、歴史文化街区、都市等の保護計画と内容が重複する場合もあるため、これらの計画には相互関係を明確化することが今後の課題といえる。

4.3.2　全国重点文物保護単位保護計画の策定状況

（1）　全国重点文物保護単位の指定と構成

　全国重点文物保護単位の認定には2つの方法がある。第1には、重大な歴史、芸術、科学的価値が文物を国家文物局が直接指定する方法であり、第2には、省、市・県が指定した文物から国家文物局が選定する方法である。

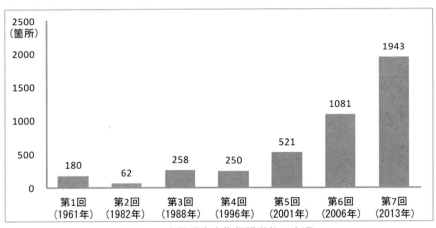

図4-4　全国重点文物保護単位の変遷

表4-4　全国重点文物保護単位の指定経緯

類別	第1回	第2回	第3回	第4回	第5回	第6回	第7回	合計（箇所）
古遺址	26	10	49	56	145	220	516	1022
古墓葬	19	7	29	22	50	77	186	390
古建築	77	28	111	110	248	513	795	1882
石窟寺及び石刻	16	5	20	10	32	63	110	256
近現代重要史跡及び代表的建築	33	10	41	50	41	206	329	710
その他	9	2	8	2	5	2	7	35
合計（箇所）	180	62	258	250	521	1081	1943	4295

中華人民共和国の建国以降、戦災による保護状態が良くない文物を保護するために、多くの法令、法規を公布し、1960年代中旬までに文物保護制度の一応の確立をみた[47]。1961年に国務院は、文化部（当時）が指定した180箇所の全国重点文物保護単位を認可したが、文化大革命によって、文物保護制度は廃止され、多くの文物が破壊された。1980年代になって、改革開放のもとで文物保護を再び重視するようになり、1982年に文物保護法の公布を行い、同年、全国重点文物保護単位の２回目の指定を行った。しかしながら、文化大革命が終了した直後でもあり、文物の保存状態に対する調査が不十分であったことから、62箇所の指定に留まる。中国経済の成長と共に、大規模な都市開発・再開発が各地で進行し、多くの文物が破壊されたが、それと並行して、文物保護の取組みが徐々に進み、1988年には、258箇所、1996年に250箇所の全国重点文物保護単位が指定された。それ以降、文物は重要な地域資源として認識されるようになり、文物保護に関する法規も多く公布され、2001年には521箇所、2006年には1,081箇所、2013年には1,943箇所の指定が行われ、2013年10月現在、合計4,295箇所の全国重点文物保護単位が指定されている（図4-4、表4-4）。

　現存の全国重点文物保護単位は、６種類に分けられる[注6]。古建築は、1,882箇所（44%）を占め、そのうち城壁は36箇所である。古遺址は1,022箇所（24%）、古墓葬は3,904箇所（9%）を占める。また、石窟寺及び石刻は256箇所（6%）、近現代重要史跡及び代表的建築は、710箇所（16%）である。さらに、古井や造酒池等その他の科目は35箇所（1%）である（図4-5）。

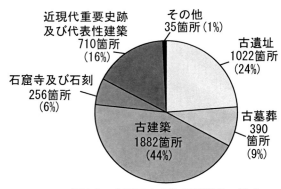

図4-5　全国重点文物保護単位の構成

121

（2）　全国重点文物保護単位保護計画の策定状況[注7]

　中国の文物に関する事業は、当初から文物本体に対する保護及び周辺環境の調和や保全に着目してきたが、文物保護と都市発展とのバランス、文物の活用と持続性等の課題についても重視するようになり、2004年になって、国家文物局は「全国重点文物保護単位保護計画」（以下、保護計画）の策定指針と内容構成の規定を公布した。保護計画を策定する際、文物本体の保護、周辺環境の保全と改善を規定する一方で、持続的、合理的利用、地方経済の発展との調和を図る必要があるとしている。公布された保護計画は、文物保護事業における文物の保護と管理の法的根拠となる。しかし、保護計画の策定義務は規定されておらず、保護計画の策定は、省政府の文物部門の指導のもとで、文物の存する市・県内部の意志決定に任されている。

　国務院、国家文物局、各省政府が公布した全国重点文物保護単位保護計画に関する審議結果、また、国家文物局が2003年から編集した年度報告「中国文物年鑑」等をもとに文献調査を行い、2013年9月までの全国重点文物保護単位保護計画の策定状況[注8]をまとめた（表4-5、図4-6）。

　現在まで、合計4,295箇所の全国重点文物保護単位のうち、公布済みまたは策定中の保護計画は717箇所（約17%）である。その多くは、観光資源として利用されており、損傷の危険を担う可能性が高い古建築は323箇所（約45%）、古遺址は195箇所（約27.2%）、合計518箇所（72.2%）がある。また、近現代重要史

表4-5　保護計画の策定状況

全国重点文物保護単位の類別	文物の数	保護計画の数	策定の比率
古遺址	1022	195	19%
古墓葬	390	67	17%
古建築	1882	323	17%
石窟寺及び石刻	256	45	18%
近現代重要史跡及び代表的建築	710	85	12%
その他	35	2	6%
合計（箇所）	4295	717	17%

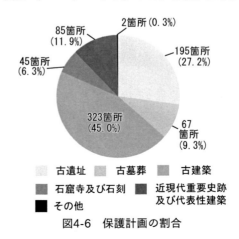

図4-6　保護計画の割合

跡及び代表的建築は85箇所（11.9%）、古墓葬は67箇所（9.3%）が保護計画を策定した。さらに、石窟寺及び石刻は45箇所（6.3%）、その他は2箇所（0.3%）がある。

4.3.3　全国重点文物保護単位保護計画の策定プロセスと課題

　全国重点文物保護単位保護計画を策定するためには、「全国甲級文物保護工程勘察設計資質」という国家文物局が認定した資格が必要である。資格を有する全国29機構のうちの1つである東南大学建築設計研究院に対するヒアリング調査の結果をもとに、国保保護計画の策定プロセスと課題について考察する。

　文物の保護計画を策定するにあたっては、文物部門は国家文物局の認定資格をもつ機構を指定する。機構は、計画案の作成着手段階から、都市計画部門への必要資料の請求等を行い、計画案の作成後、市・県の文物部門で審議される。修正の必要がある場合、機構へ修正意見が示され、計画案の修正が行われる。その後、省政府へ提出され、文物部門と建設・計画部門等の合同審議が行われる。省政府により計画案が承認された後は、公布までに国家文物局の同意を得る必要があるとしている（図4-7）。

　省政府の審議は、文物部門と計画・建設部門の合同によることと規定されているが、保護計画は、作成の指示から公布まで、文物部門が主導している。機構が保護計画を作成する際の都市計画部門との関わりは、必要な資料の請求、文物周辺の土地利用、道路計画等の変更、保護計画の作成状況の通達等であるが、都市計画、建設、観光分野との調整が十分とはいえない。さらに、都市計画案の審議では事前に、専門家や市民からの意見を募集する規定があるが、保護計画案では意見募集に関する規定がない。

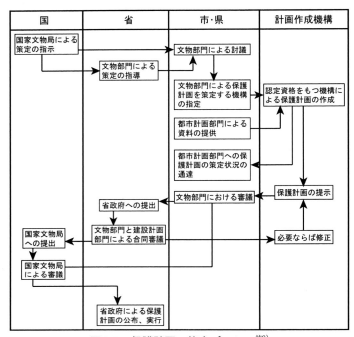

図4-7　保護計画の策定プロセス[注9]

4.3.4　全国重点文物保護単位保護計画の内容構成と特徴

2004年に公布した「全国重点文物保護単位保護規劃編制要求」について、東南大学建築設計研究院に対するヒアリング調査の結果をもとに、国保保護計画の内容と構成の特徴をまとめた。保護計画は、以下のような5つの段階で構成される（表4-6）。

（1）　文物の現状把握と評価の段階

　文物の価値、重要性及び環境、社会、人文等に対する影響の評価、また、文物と周辺の利用と管理の実態、破壊された部分があればその要因等を明示する。

（2）　計画構想の段階

　計画構想の段階では、保護計画の原則、目標を確定し、保護対象と重点等を

明示する。

（3） 具体的な保護措置と実施計画段階

　文物保護法で規定した保護範囲、規制範囲の設定、文物の修繕工事と技術工法等の規制、周辺環境、生態の保全等を含む部門別計画を策定する。

（4） 活用展示段階

　利用機能、制限を明示し、来客数、展示路線、サービル施設の設置などを含む詳細な展示公開計画を策定する。

（5） 計画管理段階

　来客数のコントロール、文化財の日常管理、計画期間、予算等を明示する。保護の目標、保護範囲と規制範囲の設定、文物本体に対する保護措置、利用機能の制限、来客数のコントロール等を、必ず明示すべき事項として規定している。

　保護計画で制定した内容を達成するため、一般的には20年間の期間を定め、短期、中期、長期の目標を設定する。短期計画は、期間が5年以内であり、文物における主要な課題の解決、必要なプロジェクトの開発等を優先的に実施する。中期と長期の目標に関しては具体的に規定されておらず、文物の状況によって設定される。

　保護計画は、計画文書、計画図面、計画説明及び基礎資料集の4種類の文書からなる。計画文書は、計画目標、原則、規定等を記述する。計画図面は、計画図、設計図等により構成され、文物の現状と計画の内容を示し、計画文書に対応する。計画説明は、文物の価値、重要性、現状、管理等の詳細、計画文書に対する解釈等により構成される。基礎資料集は、文物に関する基礎データ、計画の根拠等を含む。

　2003年に全国重点文物保護単位保護計画の策定指針を公布して以来、保護計画が未だ策定されていない全国重点文物保護単位が多く見られた。保護計画を策定するプロセスを厳格に規定し、保護計画の内容と構成を標準化、規範化する一方で、公布されている6種類の全国重点文物保護単位の特徴が十分に生か

されておらず、保護計画の策定を推進するには柔軟性が低いという課題が残る。さらに、小規模な全国重点文物保護単位の保護計画を策定する際には、経費の保証が困難な場合がある。

表4-6　保護計画の内容要求と構成

<table>
<tr><td rowspan="13">主要な内容</td><td>①現状把握と評価</td><td>1. 文物の価値、重要性及び環境、社会、人文に対する影響の評価
2. 文物本体とその周辺環境の保護、管理及び利用現状、破壊要因</td></tr>
<tr><td>②計画構想</td><td>3. 計画の原則、性質、目標、重点と保護対象</td></tr>
<tr><td>③保護措置と実施計画</td><td>4. 保護範囲と規制範囲の設定、管理規則
5. 工事と技術の要求等の保護措置
6. 環境、生態保全の措置
7. その他の部門別計画</td></tr>
<tr><td>④活用展示</td><td>8. 機能区分、利用制限
9. 展示計画の制定：来客数、展示路線、項目、サービス施設等</td></tr>
<tr><td>⑤計画管理</td><td>10. 計画範囲内の新開発プロジェクトが必要場合、その必要性、位置、建築機能、規模、予算、設計等
11. 管理上の建議、日常の補修と検査内容、地域との連携計画
12. 計画期間、実施重点、予算、計画実施の保証手段</td></tr>
<tr><td colspan="2">必ず明示すべき事項</td><td>保護の目標、保護範囲と規制範囲の設定及び管理規定
文物本体の保護措置、利用機能の制限
来客数のコントロール指標等</td></tr>
<tr><td colspan="2">期間</td><td>一般的に20年とし、短期、中期、長期に区分する
短期計画の期間は5年以内、主要な課題、必要なプロジェクトを優先する</td></tr>
<tr><td colspan="2">計画の構成</td><td>1. 計画文書：計画の趣旨、目標、内容に関する規定
　①総括②部門別評価③フレーム計画④保護区画⑤保護措置
　⑥環境計画⑦展示計画⑧管理計画⑨計画分期⑩投資予算⑪付則
2. 計画図面：計画文書に対応し、文物の現状と計画の内容を図面で表現
　①基本図面②説明図面③補足図面
3. 計画説明：文物の価値、重要性、現状、管理等評価の詳細内容、計画趣旨の論証、計画文書の解説
　①保護対象説明②部門別評価報告③部門別計画説明
　④計画実施保障提案
4. 基礎資料集：各種基礎資料、計画根拠等</td></tr>
</table>

4.4　南京城壁保護計画の変遷と特徴

4.4.1　南京市における城壁の保全に関わる計画の変遷

南京城壁は1988年に全国重点文物保護単位として指定された。それ以降、南京市は城壁の保護を重視し、1992年と1997年の2回にわたって、城壁の保護に関する計画を策定し、さらに、2007年に南京城壁保護計画を策定した。1997年の計画を策定した南京市計画設計研究院により提供された南京明城壁風光帯計画及びヒアリング調査の結果をもとに、1992年と1997年の計画の特徴を考察す

る（表4-7）。

（1）　南京明城壁保護計画（1992年）

　1991年の大洪水により、約350m の城壁が倒壊したことから、城壁を保全するために、南京市の建設部門、計画部門、文物部門等が協同し、初の保護計画である「南京明城壁保護計画」を策定した[58)注11)]。しかしながら、当時は、経済発展のための都市建設を優先していたため、この保護計画は公布されなかった。

　計画の目標は、城壁本体を全般的に保護し、修繕することにある。このために周辺環境を整備し、城壁と城壁遺跡を中心として環状緑地帯を形成する。保護区域の範囲は、城壁外側を堀の外縁までとし、内側を隣接する山地の外縁まで、山地がない場合は15m 以内としてる。保護範囲内の建築物は、計画的に撤去し、緑地、道路、標識以外の建設行為を認めていない。

（2）　南京明城壁風光帯計画（1997年）

　南京市が1995年に公布した「南京市都市総体計画」は、城壁とその周辺の自然風景を保護し、障害になる建築・構造物を整備する必要があることを規定し、城壁が明朝文化を展示する窓口となり、観光を推進するという目標を設定した。南京市はこの総体計画に基づき、南京市の都市計画、文物、園林に関わる各局の指導のもとで、南京市規劃設計研究院が策定した「南京明城壁風光帯計画」（1997年）を、1999年に公布した。

　南京明城壁保護計画（1992年）と比較すると、保護対象が城壁の遺跡まで拡大した。城壁、城門、遺跡、堀等を一体的に保護し、周辺の景観資源と関連づけた環状緑地景観帯を建設することによって、観光産業を促進し、世界遺産登録を目指すという目標を設定している。

　計画は、城壁全体を対象とした総体部分、５箇所の城壁を対象とした部分の２段階に分けられ、保護計画と開発計画からなる。保護計画では、城壁、城壁遺跡、周辺の自然環境に対する具体的な保護措置を定め、開発計画では、城壁と周辺の自然環境の整備手法や観光路線の整備等に対する具体的な提案を行っている。また、計画の実施が円滑に進むよう、管理機構の設置や法律の修正等一連の管理規定を定めた。

第4章 南京市における城壁の保全に関する法制度及び計画の特徴と課題

表4-7　南京城壁保護計画の比較

		1992年	1997年	2007年
策定年		1992年	1997年	2007年
公布年		公布せず	1999年	2009年
名称		南京城壁保護計画	南京明城壁風光帯計画	南京城壁保護計画（2008～2025）
計画管理部門		南京市建設委員会	南京市規劃局	南京市文物局
策定機関		南京市建設委員会	南京市計画設計研究院	東南大学建築設計研究院
公布部門		—	南京市政府	江蘇省文物局
保護対象		都城城壁	都城城壁、都城城壁遺跡	都城城壁、都城城壁遺跡、外郭城壁遺跡
計画内容	背景	①1988年に全国重点文物保護単位の指定 ②1991年の洪水による城壁の損壊	1995年の南京市都市総体計画のうち、城壁保護に関する規定や目標を設置した	①2003年に文化財保護計画の策定規定 ②2004年に全国重点文物保護単位保護計画の策定指針の公布
	目標	現存する城壁と城壁遺跡を中心として環状緑地帯を形成する	①城壁、城門、堀、城壁遺跡、自然環境を一体的に保護する ②城壁を軸として、周辺の景観資源と結びつけて環状緑地景観帯を建設し、観光産業を発展させ、世界遺産登録を目指す	①有形遺産と無形遺産の結合：城壁、周辺自然環境の保護と重大歴史事件を一体的に捉え、テーマ観光の開発 ②南京市の発展と協調する ③外郭城壁遺跡の価値と資源を開発する
	保護措置		①都城城壁：現存城門を含めて厳格的に保護、建設の需要による撤去、整備等を発生する場合、関係部門による許可が必要 ②都城城壁遺跡：標識を設置、緑地以外の建設行為を厳禁	①都城城壁：日常管理と保守を強める。現状調査の結果を基づいて、具体的な措置を制定する ②都城城壁遺跡：日常管理と保守を強める。標識の設置、緑地の整備 ③外郭：標識の設置、残存の土壁を整備し、維持する
	保護区域	城壁の外側は堀の外縁まで。内側は隣接する山地の外縁まで、山地がない場所は15m以内	①現存城壁：高さの1～1.5倍で15m以上にする ②城壁遺跡：内外両面15m	①現存城壁：外側は堀の外縁から15m、内側は隣接する山地の外縁から15m、山地がない場所は城壁から15m。周辺の状況によって具体的に設置する ②城壁遺跡：内外両面15m ③外郭：内外から30m～50m、山地がある場合、山地の外縁まで
	規制区域	—	①城壁：基本的には城壁内外から50m以上にし、周辺環境に協調して具体的に設置する ②城壁遺跡：内側は15m、外側は堀の外縁から15m	現存城壁、城壁遺跡、外郭は同じく、内側は保護区域から35m、外側は保護区域から50m
	部門別計画	—	—	①環境生態計画②インフラ調整計画 ③防災計画④住民社会調整計画 ⑤土地利用調整計画
	活用方針		①城壁と城壁遺跡を一体にして、観光路線を整備する ②分断された城壁と周辺の自然景観を整備し、地域環境を向上させる	①保護は優先で、展示利用は補助的である ②歴史事件と結びつけて、テーマ観光の開発 ③自然、文化との融合 ④広報を強化する
	管理	—	①計画の実施に関連する各部門の協力連携 ②計画は関連する建設行為の法的依拠である ③違法建築の撤去と整備 ④広報と住民建議の受入 ⑤重点プロジェクトの優先	①城壁管理委員会の設置 ②管理規範の制定 ③日常管理維持の向上 ④関連法規による計画実施の保障
	計画期間	—	2028年までに環状緑地生態圏を竣工予定	2008年～2025年 ①短期計画：2008年～2010年、基礎資料の充実、損傷の大きい城壁に対する修繕、一部の違法建築物の撤去、堀の整備等 ②中期計画：2011年～2015年、関連するサービス施設の充実、城壁博物館の建設、周辺環境の整備など ③長期計画：2021年～2025年、土地利用の調整、違法建築物の撤去、環境の整備、考古工事、交通路線の整備、展示利用等を全て完成する
	計画書構成	—	①総体部分 1. 計画文書：総括、保護と規制計画、開発と利用計画、実施建議 2. 計画総説明：城壁現状と価値、保護方針、保護と規制計画、開発と利用計画、実施建議、計画依拠、後記 3. 管理規定：総括、保護と規制、開発と利用、刑罰規定、付則 4. 実施建議 ②分断部分	①文書：総括、現状評価、フレーム計画、保護措置、部門別計画、展示利用、管理 ②図面：基本情報図、評価図、計画図 ③説明：計画文書と図面に対する詳細説明 ④基礎資料集

128

4.4.2　南京城壁保護計画の策定と内容

（1）　計画決定に至る経緯

　2003年に国家文物局は、文物保護計画の策定義務を規定し、2004年に国保保護計画の策定指針と内容構成等を公布した。これを受けて、南京市文物局は南京城壁保護計画を策定することとなり、2007年に、国家文物局の認定資格をもつ東南大学建築設計研究院に保護計画の策定を委託した。

　ここでは、東南大学建築設計研究院に対するヒアリング調査の結果をもとに、南京城壁保護計画2008〜2025の策定経緯をまとめる。

　東南大学建築設計研究院は、計画案の作成着手段階から、城壁周辺の地形図や道路、土地利用計画等必要資料の請求、また、保護計画における城壁周辺の規制、道路計画の変更等状況の通達に関連して南京市都市計画局と共に、約1年間かけて自主的に計画案を作成した。計画案の作成後、南京市の文物局による審議を経て、2008年9月に江蘇省政府へ提出し、省の文物部門と建設・計画部門等による合同審議を経て承認され、国家文物局の同意を得て、2009年12月に計画を公布した。

（2）　計画の内容

　東南大学建築設計研究院により提供された南京城壁保護計画及びヒアリング調査の結果を参考しつつ、南京城壁保護計画2008〜2025の内容を考察する。

①　計画の構成

　保護計画書は、計画文書、計画図面、計画説明および基礎資料集の4部からなる。計画文書は、総括、城壁の価値、保護状況、周辺環境、管理、利用と展示及び研究等の現状評価、フレーム計画、具体的な保護措置、部門別計画、計画管理等に大別される。

　計画図面は、城壁の変遷、周辺土地利用、交通施設、管理現状等基礎情報図、城壁の価値、保護状況、周辺環境、交通、公共施設、利用と展示等に対する評価図、保護措置、保護と規制範囲、環境整備、交通施設の調整、土地利用調整、利用展示等を表現する計画図からなる。

　計画説明は、計画文書と計画図面の詳細な説明である。基礎資料集は、計画

第4章 南京市における城壁の保全に関する法制度及び計画の特徴と課題

根拠、城壁の現状と歴史資料等がある。

② 計画の目標

　1992年、1997年の計画と比較すると、2007年の計画における保護対象は外郭まで拡大している。計画の目標は、城壁と周辺の自然環境の融合を促進することであり、城壁を巡って発生した歴史事件等の無形の文化遺産を城壁保護と関連づけたテーマ観光の開発を促している。

③ 保護措置

　城壁の保護範囲は、現存する城壁の外側にある堀の外縁から15m、内側は隣接する山地の外縁から15m、山地がない場合は城壁から15mとしており、具体的な範囲は、周辺の状況によって決定する。城壁遺跡の保護範囲は城壁の跡地の内外両面から15mの範囲である。外郭は内外から30m〜50mの範囲であり、山地がある場合、山地の外縁までとする。規制区域の範囲について、城壁、城壁遺跡、外郭は同様に、内側は保護区域の境界から35m、外側は保護区域の境界から50mである。城壁本体の保護は、現状調査に基づいて、具体的な措置を

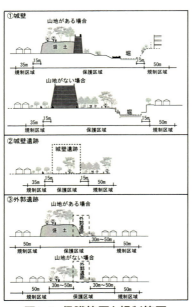

図4-8　保護範囲と規制範囲

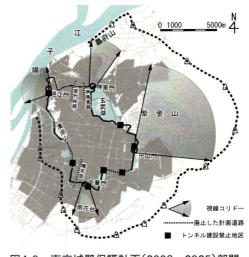

図4-9　南京城壁保護計画（2008〜2025）部門別計画の概要[注10]

決定する。一般には、城壁の日常管理と保守を強化することになる。城壁と外郭の遺跡には、緑地の整備や遺跡であることを示す標識の設置を行う（図4-8）。

④ 部門別計画

城壁の保護に関わる環境生態計画、インフラ調整計画、防災計画、住民社会調整計画、土地利用調整計画の5つの部門別計画を策定した（図4-9、図4-10）。

図4-10　南京市における城壁の保全と都市交通開発の関係
（出典：南京城壁保護規劃（2008～2025））

131

環境生態計画では、城壁、堀、外郭周辺環境の調査結果をもとに、現状の課題とそれに対応する整備措置を規定した。また、中華門と雨花台、中山門、紫金山及び外郭、神策門と幕府山、挹江門と揚子江の間に視線コリドーを形成するため、さらには、玄武湖、清涼山、中華門の南側からも城壁を眺望できるよう、高さ制限を定めた。

インフラ調整計画では、城壁と城壁遺跡を貫通する道路の建設を禁止し、計画中であった鳴羊路、紫竹林路、芦席営路を廃止した。都市発展の需要のため、地下トンネルを建設する場合は、トンネルの出入り口を規制範囲外に設置し、城壁の安全を確保することとし、城壁の連続性と周辺環境の調和を図る必要がある7つの地点において、トンネルの建設を禁止した。

住民社会調整計画では、城壁上面の植物を除去し、建物を撤去することが規定された。保護範囲内の建物については、1980年以前に建設した建物は計画的に撤去し、住民を他の地域に転居させ、1980年以降に建設した建物は、一般的に50年の使用年限を越えた後に撤去することとし、規制区域内において新築する建物の屋根形状、高さ等を具体的に定めた。

土地利用調整計画では、規制区域以内の工場を全て撤去し、具体的な状況に応じて居住、商業、教育用地等に転換することを規定した。防災計画は、南京市都市総体計画で規定された内容に準じ、洪水、震災等による被害を避けるため、損傷がある城壁の補強や城壁に近い住居の移転等を規定した。

⑤　展示と利用

城壁の保護を優先しつつ、城壁を利用した観光産業の開発のため、城壁周辺の観光業者と連携し、特に取り除かれた皇城、宮城、外郭の遺址を巡る観光路線の整備、自然環境と歴史事件を一体的に捉えたテーマ観光の開発、来客数のコントロール、城壁博物館の整備やサービス施設の充実等を規定した。

⑥　計画管理

城壁の保護計画を実施するための城壁管理委員会の設置を提案した。委員会は、城壁の保守管理、維持、修繕、広報等を担当する。また、計画の実施のため、目標年次の設定、短期、中期、長期計画の区分等を定めた。

4.4.3　南京城壁保護計画の特徴と国による保護施策の関係性

　ヒアリング調査に基づき[注12]、南京城壁保護計画の取り組みの経緯と計画内容
の変遷を通して明らかになった特徴、また南京城壁保護計画の変遷と国による
保護施策の関係は以下の通りである。

（1）　規範的、総合的な計画の変化

　城壁損傷の防止や観光化の推進を目的として、1992年と1997年に保護計画を
策定した際、国家文物局の法令は文物保護計画の策定について規定していなかっ
たが、南京市は、自主的に保護計画を策定した。2004年に国家文物局が全国重
点文物保護単位保護計画の策定方針と内容構成に関する規定を公布する前は、
保護計画は概要的であり、主に城壁と周辺自然環境の保護と利用に関する計画
を図と文章で記載していた。公布後は、より詳細で規範的な計画へと変化し、
環境生態、インフラ、防災、土地利用等の視点を踏まえた総合的な計画へと変
化した。

（2）　保護の対象と保護範囲の拡大

　1992年の保護計画における保護の対象は都城城壁のみであったが、1997年に
は城壁遺跡の保護方法と措置を検討するようになった。2004年の規定の公布以
降、文物本体のみを保護するだけではなく、周辺環境を保全し、改善するとい
う規定が加わった。さらに、2007年の計画では、それまでの計画に加えて、城
壁周辺の水域、山地など自然環境を含む保護区域と規制区域の範囲を拡大しつ
つ、取り除かれた皇城、宮城、外郭まで一体的に取扱っていることは本計画の
特徴である。

（3）　ソフト面の規定の追加

　1992年と1997年の保護計画は、主に城壁と遺跡の保護、周辺の自然環境の整
備等に関するハード面の規定が主であったが、2007年の保護計画は、無形文化
遺産の開発や管理組織の設置等、ソフト面の規定が加えられた。

(4) 都市計画への反映

2007年の南京城壁保護計画において、策定されたインフラ調整計画において、城壁の連続性を破壊するという理由により、都市計画で決定した3つの道路の建設を中止した。さらに、住民社会調整計画において、保護範囲内の土地利用の調整や、保護範囲内に住む住民を他の地域に転居させること等を都市計画に規程したことは、単体的な文物の保護計画の特徴である。

4.5　南京市における城壁の保全に関する制度上の課題と改善方針

(1)　画一的な保全区域と規制区域の設定

2010年に公布した南京市歴史文化名城保護条例及び南京城壁保護計画において、城壁の両側に保護区域と規制区域を制定しているが、その範囲は画一に設定されており、周辺空間の複雑性と多様性を十分考慮しているとはいえない。そのため、3章で考察した城壁の立地条件や空間の特性、周辺住民の生活の実態等に配慮した保護区域と規制区域の設定が必要である。

(2)　厳格的な整備・開発の制限

南京城壁は、都市の成長に適応しつつ、規模、形態、機能を更新し続け、今日の姿となっている。しかしながら、現行の法制度によって南京城壁は厳格に保護され、歴史保全の観点から改変が認められなくなり、逆に、柔軟性を欠いたものとなり、現状の都市の発展に適応することができないという課題がある。そこで、城壁を保全すると同時に、城壁の歴史的な姿を損壊しないという条件で、城壁空間に対する整備・開発の制限に柔軟性を持たせ、城壁の利用形式の改変や建築要素の増築や改築などが可能となる余地を残しつつ、都市発展の需要に応じた相応の変化と一定のバランスを保つための、空間全体を対象とした計画が必要である。

(3)　文物部門を中心とする保全の仕組み

南京城壁保護計画を策定する際には、作成の指示から公布まで、江蘇省及び南京市の文物部門が主導している。また、東南大学建築設計研究院は、城壁周

辺の地形図や道路、土地利用計画等、必要資料の請求にあたっては、南京市都市計画局と連携してきたが、計画案の作成にあたっては、都市計画部門との調整が十分ではなかった。2章と3章でみたように、南京城壁は回遊性が低く、周辺空間との隔離等の課題が残っており、これらの課題を解決するために、保全計画を策定する際に、都市計画、交通、インフラ等を所掌する様々な部門と連携する仕組みが必要である。

（4）　行政主導による保全計画の策定

　南京城壁保護計画の目標は、自然環境との融合、世界遺産の登録、観光開発の促進等であることから、南京城壁は主に観光資源として整備・活用される一方で、整備の方法が画一的であり、地域生活との関係が弱いなどの課題がある。また、保護計画案の審議では、事前に地域住民からの意見を募集する規定がなく、計画案は主に文物部門によって決定された。今後は、城壁の多様な保全と活用を図るため、南京市における多部門の参入、専門家や住民の参加による保全計画の策定が必要である。

4.6　おわりに

　南京市における城壁の保全に関わる法制度や計画の特徴と課題、また、今後の改善方針を明らかにするため、文献調査とヒアリング調査を行い、以下のような知見を得た。

　（1）南京市における城壁の保全に関する法制度の変遷から、城壁の保全に限定した法律条文や城壁との調和および関連性を考慮する空間開発の基準が制度的に設定されていないことを示した。今後の都市発展とのバランスを図るうえでも、これらの法律、基準の整備が待たれる。

　（2）国の法令では、文物保護計画を策定する義務が規定されていなかったが、南京市は、城壁の保護計画を自主的に策定し、その内容は、92年の保護範囲の設置のみの概要的な計画から、97年の城壁と周辺の自然環境の整備や観光開発に対して具体的に提案する計画へと変化したことを示した。さらに、2007年の南京城壁保護計画は、2003年及び2004年に公布した国の施策をもとに、部門別

計画を含む規範的、総合的な計画に変化し、保護対象も遺跡単体のみから自然環境を含む外郭まで拡大した。また、ハード面の環境整備から、無形文化遺産の開発や管理組織の設置等のソフト面を重視し、都市計画へ反映する保護計画へと変化していることがわかった。

（3）南京城壁の保全に関する法制度と計画における画一的な保全区域と規制区域の設定、厳格的な整備・開発の制限、文物部門を中心とする保全の仕組み、行政主導による保全計画の策定等の課題と今後の改善方針を提示した。

中国では、経済発展に伴い、これまで多くの文物が破壊されたが、それと並行して、文物保護の取組みが徐々に進み、文物保護に関する計画の策定は歴史文化名城、街区、村鎮等の面的計画に加え、「全国重点文物保護単位保護計画」の点的な文物の保護計画を策定することが必要になった。しかしながら、現存する4295箇所の国保のうち、「全国重点文物保護単位保護計画」を策定している国保は未だ717箇所（17%）のみであり、保護計画の策定を推進するため、特に小規模な保護単位に対して、策定基準や内容構成に柔軟性を持たせることが求められている。また、保護計画を策定する際に、地域の立場に立ち、行政における多部門の参入、専門家や住民の参加により、多様な活用方針を打ち出すことも重要である。

注

注1）　「文物」は、日本の「文化財」に近い概念であるが、両者には体系上も保護の歴史上も大きな差異があるため、「文物」の原語表記を使用している。

注2）　南京市、興城市、臨安市、寿県、鳳陽県、荊州市、襄陽市、西安市の8市・県。

注3）　全国重点文物保護単位保護計画を策定するために、国家文物局が認定した「全国甲級文物保護工程勘察設計資質」という資格が必要であり、東南大学建築設計研究院を含む29機構が資格を有する。

注4）　修正は、一部の章や条を変更することを指し、改訂は全般的に作り直すことを指す。修正に関する審議は修正した部分のみを対象とするが、改訂の審議は全体を対象とする。

注5) 文献5）と文物保護法（2002）をもとに筆者が作成した。

注6) 1961年（第1回）に公布した際、革命遺址及び革命記念建築物、石窟寺、古建築及び歴史記念建築物、石刻及びその他、古遺址、古墓葬の6種類に分類した。1996年（第4回）に公布した際、古遺址、古墓葬、古建築、石窟寺及び石刻、近現代重要史跡及び代表性建築、その他の6種類に変更した。ここで、1996年の分類方法を使用し、第3回までの革命遺址及び革命記念建築物、古建築及び歴史記念建築物は近現代重要史跡及び代表性建築、古建築にそれぞれ属する。以前の石刻及びその他の石刻は石窟寺と合併し、石窟寺及び石刻の科目に属し、それ以外はその他の科目に属する。

注7) 本研究における着目する全国重点文物保護単位は、1つ市・県に所在する文物である。万里の長城、大運河等の複数の省に広がる大規模な全国重点文物保護単位は、国家文物局及び複数の省の協力によって、保全計画を作成する。

注8) 保護計画の策定決意や審査結果に関する公的な通達、通知等国家文物局及び地方政府が公布したものに限る。

注9) 「全国重点文物保護単位保護規劃編制審批弁法」と東南大学建築設計研究院への南京城壁保全計画の作成過程に関するヒアリング調査の結果をもとに作成した。

注10) 南京城壁保護規劃（2008〜2025）をもとに筆者が作成した。

注11) ヒアリング調査によると、南京明城壁保護計画（1992年）は概要的であり、具体的な保護措置等までは策定していないが、参考文献58）の記録を参考にしている。

注12) 南京城壁保護計画2008〜2025の策定に関わった買亭立先生へのヒアリングによる。

参考文献

1) 陳同濱，王力軍：不可移動文物保護規劃十年，中国文化遺産，03，pp.108-111，2004（中国語）

2) 王成康，出口敦，箕浦永子，坂井猛：南京市における城壁空間の変遷と類型に関する研究，日本建築学会計画系論文集，672，pp.385-391，2012.2

3) 中国国家文物局公式ホームページ，http://www.sach.gov.cn/（参照2013.04.06）

137

4) 浅野聡, 戸沼幸市：台湾における歴史的建造物・歴史的環境の保全に関する研究―法規体系及び執行体系について, 都市計画論文集, 25, pp.451-456, 1990.10

5) 浅野聡：台湾における歴史的建造物・歴史的環境の保全制度とその運用状況に関する研究, 都市計画論文集, 27, pp.7-12, 1992.11

6) 林宜徳, 畔柳昭雄：中国山東省烟台市における歴史的建造物の保護制度に関する研究：アジアの歴史的文化遺産の保護に関する調査研究 その1, 日本建築学会計画系論文集, 462, pp.137-146, 1994.08

7) 藤崎浩治：歴史的町並み保全と建築規制に関する研究―橿原市今井町伝統的建造物群保存地区における建築基準法の緩和措置の検討を通じて, 都市計画論文集, 29, pp.547-552, 1994.11

8) 三島伸雄：ウィーン市の歴史的景観保全制度の展開と市民意識に見るその役割, 都市計画論文集, 31, pp.217-222, 1996.11

9) 葉華, 浅野聡, 戸沼幸市：中国における歴史的環境保全のための歴史文化名城保護制度に関する研究：名城保護制度の枠組みの整備過程の特徴と課題, 日本建築学会計画系論文集, 494, pp.195-203, 1997.04

10) 境野飛鳥, 斎藤英俊, 大和智夫：GHQ/SCAP文書内の文化財保護法草案・法案の分析・考案―文化財保護法の成立過程に関する研究（その1）, 日本建築学会計画系論文集, 647, pp.253-261, 2010.01

11) 堀裕典, 小泉秀樹, 大方潤一郎：バンクーバー市における容積移転制度の運用実態について：都心における歴史的建築物保全の視点から, 都市計画論文集, 45, pp.39-44, 2010.04

12) 窪田亜矢, 西村幸夫：ニューヨーク市におけるヒストリック・ディストリクトの経年的変遷に関する研究, 都市計画論文集, 35, pp.715-720, 2000.10

13) 梅津章子：アメリカにおける交通政策と歴史的環境保全の関係についての研究―1991年総合陸上輸送効率化法の制定を受けて―, 都市計画論文集, 35, pp.151-156, 2000.10

14) 窪田亜矢, 西村幸夫：アメリカ合衆国におけるヒストリック・ディストリクト制度の現状の法的論点に対する考察, 日本建築学会計画系論文集, 539, pp.203-208, 2001.01

15) 窪田亜矢, 西村幸夫：アメリカ合衆国におけるヒストリック・ディストリクト制度の法的論拠の確立に関する研究, 日本建築学会計画系論文集, 539,

pp.195-201, 2001.01

16) 宇高雄志, リー・ライチューマロン：シンガポールの歴史的市街地の保存における保存ガイドラインの運用実態, 日本建築学会計画系論文集, 556, pp.257-264, 2002.06

17) 林美吟, 浅野聡, 浦山益郎：台湾における集集大震災後の歴史的環境保全制度の改正及び現状に関する研究：文化資産保存関連法を中心に, 日本建築学会計画系論文集, 573, pp.125-131, 2003.11

18) 浅野聡：日本及び台湾における歴史的環境保全制度の変遷に関する比較研究：文化財保護関連法を中心にして, 日本建築学会計画系論文集, 576, pp.223-230, 2004.02

19) 宇高雄志：マレーシアにおける歴史的市街地の保全：その現状と制度整備上の課題, 日本建築学会計画系論文集, 584, pp.91-97, 2004.10

20) 和田幸信：フランスにおける歴史的建造物の周囲の景観保全に関する研究：フランス建造物監視官（ABF）の役割を中心に, 日本建築学会計画系論文集, 596, pp.131-138, 2005.10

21) 井川博文：ドイツにおける面的記念物保護制度の研究：ヘッセン州とノルトライン＝ヴェストファーレン州を中心として, 日本建築学会計画系論文集, 608, pp.219-225, 2006.10

22) 銭威, 岡崎篤行：北京における歴史的環境保全制度の変遷並びに現在の構成, 日本建築学会計画系論文集, 627, pp.1007-1013, 2008.05

23) 清野隆, 安田成織, 土肥真人：横浜市認定歴史的建造物制度の「保全活用計画」の景観的価値にみる参照関係―単体保存制度によるグループとしての歴史的建造物の保全活用の可能性, 日本建築学会計画系論文集, 657, pp.2755-2762, 2010.11

24) 吉田正二, 山田智子：フランス保護領下・モロッコにおける文化財保護の法制度―モロッコにおける歴史的環境保全の展開, 日本建築学会計画系論文集, 663, pp.1037-1043, 2011.05

25) 青柳憲昌, 岩月典之, 藤岡洋保：文化財保護法制定後の国宝建造物指定方針と戦後の「国宝」概念の形成, 日本建築学会計画系論文集, 678, pp.1997-2005, 2012.08

26) 李榮蘭, 齋藤榮, 桝田佳寛, 小西敏正：重要文化財建築物の動態保存における維持管理の現状と運営方策に関する研究, 日本建築学会計画系論文集, 682,

pp.2905-2910, 2012.12

27) 吉田正二：モロッコ・フェズにおける歴史的環境の保全について：メディナ保全の歴史的展開と今日の課題，日本建築学会計画系論文集，520，pp.247-253，1996.06

28) 徐旺佑：近世城郭の文化財保護と保存・活用の変遷に関する考察—歴史的記念物の保存・活用の変遷に関する研究（その１），日本建築学会計画系論文集，643，pp.2133-2138，2009.09

29) 高橋暁：武力紛争の際の文化財の保護に関する条約第二議定書運用指針作成に関する考察—文化遺産危機管理とユネスコ条約の連携，日本建築学会計画系論文集，653，pp.1787-1792，2010.07

30) 江口久美：20世紀初頭の古きパリ委員会による歴史的記念物保全への都市的視点の導入に関する研究：考古学的・芸術的目録を対象として，都市計画論文集，45，pp.355-360，2010.10

31) 菅野博貢，高田誠マルセール，矢込祐太：在外華僑による歴史的建造物群の形成過程とその現状，及び今後の保全のあり方についての考察—中国広東省台山市梅家大院をケーススタディとして，日本建築学会計画系論文集，657，pp.2679-2686，2010.11

32) 阿部祐子：シアトルの歴史地区におけるコミュニティ保全思想の提起とその背景，日本建築学会計画系論文集，668，pp.2027-2032，2011.10

33) 岸田比呂志：都市デザイン活動における歴史的建造物の保全活用の意義—横浜市における都市デザインの活動から—，都市計画論文集，33，pp.253-258，1998.10

34) 亀井由紀子：歴史的環境保全地区における住民活動の機能評価に関する研究：橿原市今井町重要伝統的建造物群保存地区を事例として，日本建築学会計画系論文集，670，pp.2381-2386，2011.12

35) 片山律，藤澤裕：歴史的都市の都市景観評価と計画手法に関する研究：鎌倉市の都市景観保全と建築高度規制に関する研究，都市計画論文集，30，pp.259-264，1995.11

36) 片山律：歴史的都市における都市景観評価と計画手法に関する研究—山並み眺望景観の保全と建築高度規制に関する研究・京都市，奈良市，鎌倉市—，都市計画論文集，32，pp.25-30，1997.10

37) 井川博文：ドイツにおける記念物周囲の保護手法について—ドイツの記念物

保護手法の研究（2），日本建築学会計画系論文集，645，pp.2571-2578，2009.11

38) 梅津章子，西村幸夫：米国における歴史的環境保全の経済的側面について：メインストリート・プログラム（その1），日本建築学会計画系論文集，537，pp.279-285，1999.06

39) 梅津章子，西村幸夫：米国における歴史的環境保全とその社会的経済的価値についての研究：メインストリート・プログラム（その2），日本建築学会計画系論文集，520，pp.227-233，2000.11

40) 安田梢，平賀あまな，斎藤英俊：ボロブドゥール遺跡修復事業の概要と技術諮問委員会について―国際協力によるボロブドゥール遺跡修復事業（その1），日本建築学会計画系論文集，650，pp.979-987，2010.04

41) 遠藤新：米国における歴史保全地役権プログラムに関する研究，日本建築学会計画系論文集，652，pp.1517-1524，2010.06

42) 岡村祐：英国における歴史まちづくり事業タウンスケープ・ヘリテイジ・イニシアチブの制度的特徴と運用実態，都市計画論文集，46，pp.187-192，2011.10

43) 張瀟，柴田祐，澤木昌典：商業活性化を目的とした里院の保全・再開発に関する研究：中国・青島市劈柴院再開発事業を対象に，日本建築学会計画系論文集，671，pp.47-56，2012.01

44) 安田梢，平賀あまな，斎藤英俊：修復方針決定までの議論：国際協力によるボロブドゥール遺跡修復事業（その2），日本建築学会計画系論文集，677，pp.1801-1807，2012.07

45) 宮脇勝，西村幸夫：イタリアにおける風景計画の展開：イタリアにおける歴史的環境保全計画に関する研究 その1，日本建築学会計画系論文集，466，pp.123-132，1994.12

46) 張松，西村幸夫：上海外灘歴史地区の景観保全計画に関する研究，日本建築学会計画系論文集，496，pp.125-130，1997.06

47) 王景慧，阮儀三，王林：歴史文化名城保護理論與規劃，同済大学出版社，1999（中国語）

48) 西村幸夫：都市保全計画，東京大学出版会，2004

49) 林美吟，浅野聡，浦山益郎：台北市大稲埕地区における歴史的環境保全計画に関する研究，日本建築学会計画系論文集，592，pp.123-130，2005.06

50) 神庭信幸：東京国立博物館における環境保全計画―所蔵文化財の恒久的保存のために，東京国立博物館研究誌，594，pp.61-77，2005

51) 沈暘，蔡凱臻，張剣蔵：事件性與革命旧址類文物保護単位保護規劃―紅色旅遊発展視角下的全国重点文物保護単位保護規劃，建築学報，12，pp.48-51，2006（中国語）

52) 呉美萍：全国重点文物保護単位的保護規劃與旅遊規劃関係問題研究，旅遊学研究，04，pp.194-197，2007（中国語）

53) 鳥海基樹，村上正浩，後藤治，大橋竜太：フランスに於ける公開文化財建造物の総合的安全計画に関する研究：安全性能規定の体系，公的安全マニュアル，ルーアン大聖堂に於ける検証とモデル化，日本建築学会計画系論文集，627，pp.923-930，2008.05

54) 王涛：文物保護単位保護規劃中保護範囲和建設控制地帯的劃定和分級，東南文化，02，pp.23-26，2010（中国語）

55) 平澤毅：名勝の保存管理計画策定に関する考察，ランドスケープ研究，74（5），pp.717-720，2011

56) 張杰，龐駿：旅遊視野下文物保護単位保護規劃常態抗辯―兼論文物保護単位保護規劃的制度創新，規劃師，11，pp.102-107，2011（中国語）

57) 南京市規劃局公式ホームページ，http://www.njghj.gov.cn/NGWeb/Page/Index.aspx（参照2013.04.06）

58) 南京年鑑編纂委員会編：南京年鑑1993，江蘇古籍出版社，1993（中国語）

第 5 章

結論

第5章 結論

5.1 総括

　本研究は、現在の中国において残存規模が最大である南京市の城壁及び周辺の都市空間により構成される城壁空間を研究対象とし、その利用実態及び現代的役割を再評価した上で、今後の保全と活用の方針を明らかにするため、まず、城壁都市の保全の実態及び空間的特徴を考察した上で、南京城壁の位置づけと特徴を明らかにし（第2章）、南京市における城壁空間の変遷と利用実態を明らかにするとともに、城壁空間の現代的役割と今後の課題を提示した（第3章）。さらに、南京城壁の保全に関わる法制度や保全計画の変遷と特徴を明らかにするとともに、城壁空間の利用実態を踏まえた法制度の改善方針を提示した（第4章）。最後に、総括として各章で得られた知見を以下にまとめる。

　第1章では、研究の背景として、城壁都市及び歴史的環境保全の変遷を考察し、研究の目的を述べるとともに、既往の研究を整理し、本研究の意義について述べた。

　第2章では、世界における城壁都市の保全実態を明らかにするとともに、欧州と中国の城壁都市に着目し、資料提供を受けた欧州24、中国24の城壁都市のデータをもとに、得られた知見は以下の通りである。

　（1）対象とした欧州と中国の城壁都市は、ほぼ同じ時期の11世紀から16世紀にかけて築かれた。欧州における18都市（75％）は、人口10万人以下であるが、中国の18都市（75％）は人口10万人以上、12都市（50％）は100万人以上である。中国の城壁都市の城壁の長さ、幅、高さ、また城壁に囲まれた旧市街地の面積は、総じて、欧州より規模の大きいこと等を示した。

　（2）地形と軍事防衛を優先した欧州の城壁都市は、16都市（67％）が不規則な形態をしているのに対し、礼制、風水などを重視した中国の城壁都市は、方形に近い形が17都市（71％）と多い。また、旧市街の保全類型は「全体保全型」、

145

第5章 結論

「区域保全型」、「点的保全型」に分類でき、欧州では、多くが石造であり、歴史的環境の保全の取組みが1830年頃から行われていたことから、「全体保全型」が20都市（83%）と最も多く、中国では、煉瓦と木の混合構造であり、歴史的環境保全は重視されてこなかったことから、「点的保全型」と「区域保全型」が16都市（77%）と多いことなど、対象とした城壁都市の欧州と中国との差異を明らかにした。

　（3）現存する城壁の長さ、幅、高さ、城門数、城壁の残存パターン、城壁と市街地の隣接関係、旧市街の面積、人口等のデータを用いたクラスター分析により、欧州と中国の48の城壁都市を「中小規模全体保全型」、「高台市街化型」、「融合型」、「独立型」の４つのタイプに分類し、それぞれのグループの特徴を分析し、今後の保全に関する課題と方針を提示した。

　（4）南京城壁は独立型に属し、対象とした城壁都市の中で最も大きいこと、城壁空間の複雑性が高いこと、連続性が欠けること等の特徴を示した。城壁空間の回遊性を向上させ、都市の発展とのバランスをとりつつ、現在までの保全方針を再考する必要性のあることを示した。

　第3章では、現在の中国において残存規模が最大であり、今後の保全が期待される南京市の城壁空間を対象として、文献調査と現地調査に基づく分析により、以下のような知見を得た。

　（1）南京市の都市形成に伴う城壁の築造、都市の近代化に伴う形態と名称の改変、文化大革命時の破壊、改革開放による観光資源としての再生等の城壁の変遷と都市の成長との関係性を明らかにした。

　（2）城壁空間の機能、城壁の利用状況、城壁の物理的特徴等をデータとするクラスター分析により、城壁空間を、未整備隔離型、公園整備一体型、高台視点場型、境界区分型の４つのタイプに分類し、それぞれの特徴と今後の保全方針を提示した。

　（3）歴史文化のシンボル性、古城区に対する城門のゲート性、城壁内外を眺望する視点場、市民活動の場等、城壁の現代的役割を再考した上で、周辺空間との不調和、回遊動線の不備、画一的に観光資源化を目的として整備されていること等、城壁空間の課題を示した。

第４章では、南京市における城壁の保全に関わる法制度や計画の特徴と課題、また、今後の改善方針を明らかにするため、文献調査とヒアリング調査を行い、以下のような知見を得た。

　（1）南京市における城壁の保全に関する法制度の変遷から、城壁の保全に限定した法律条文や城壁との調和および関連性を考慮する空間開発の基準が制度的に設定されていないことを示した。今後の都市発展とのバランスを図るうえでも、これらの法律、基準の整備が待たれる。

　（2）国の法令では、文物保護計画を策定する義務が規定されていなかったが、南京市は、城壁の保護計画を自主的に策定し、その内容は、92年の保護範囲の設置のみの概要的な計画から、97年の城壁と周辺の自然環境の整備や観光開発に対して具体的に提案する計画へと変化したことを示した。さらに、2007年の南京城壁保護計画は、2003年及び2004年に公布した国の施策をもとに、部門別計画を含む規範的、総合的な計画に変化し、保護対象も遺跡単体のみから自然環境を含む外郭まで拡大した。また、ハード面の環境整備から、無形文化遺産の開発や管理組織の設置等のソフト面を重視し、都市計画へ反映する保護計画へと変化していることがわかった。

　（3）南京城壁の保全に関する法制度と計画における城壁空間の特徴を踏まえた保全区域と規制区域の設定、柔軟性を持たせる整備・開発の制限、都市計画と連携する保全の仕組み、住民参加を導入する保全計画の策定等の課題と今後の改善方針を提示した。

5.2　今後の展望

　本研究で明らかとなった中国南京市における城壁空間の保全と活用への課題とそれに対処する方策を提案し、今後の展望としてまとめる（図5-1）。

（1）　周辺空間と調和する地区回遊性の向上

　南京市は、南京明城壁風光帯規劃において、城壁を一体的に保全し、環状緑地帯を形成する目標を規定している。しかしながら、南京城壁は大規模かつ分断型であるため、小規模全体保全型の城壁のように一周して回遊することが難しい。そのため、分断されている５箇所の城壁を周辺の住居や緑地等の景観資

第5章 結論

源と結びつけ、城壁空間と周辺の住宅を囲む塀等の人為的な障害を撤去し、市民が自由に入場できる城壁を増やし、5箇所の城壁を巡って回遊動線を整備することにより、地区としての回遊性を高める必要がある。

(2) 城壁の現代的役割を再考した空間の創出と活用

　社会の発展に伴い、南京城壁の役割は変化し、現在では文化財や観光資源として認識され、保全・整備されているが、城壁の活用方法は画一的であり、地域生活と関係も希薄であるという課題がある。そこで、中国古代の礼制文化や風水思想等を具現化する建造物としての歴史文化のシンボル性、都市全体を認識する上で古城区のゲートとしてのゲート性、都市と自然の景観を眺望する視点場、地域資源としての市民活動の場等の城壁をもつ現代的役割を再評価した上で、教育面の利用や城壁に関連するイベントの開催等により、多面的に活用し、豊かで多様な空間を創出することが求められる。

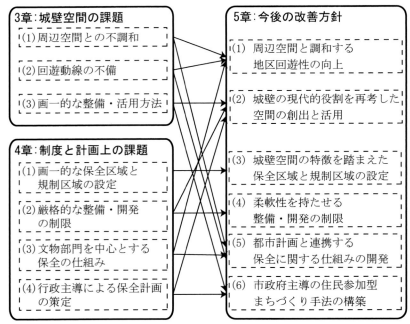

図5-1　南京市における城壁の保全と活用に対する提案

148

（3）　城壁空間の特徴を踏まえた保全区域と規制区域の設定

　2010年に公布した南京市歴史文化名城保護条例及び南京城壁保護計画において、城壁の両側に保護区域と規制区域を設定しているが、その範囲は画一的に設定されており、周辺空間の複雑性と多様性を十分考慮しているとはいえない。そのため、3章で考察した城壁の立地条件や空間の特性、周辺住民の生活の実態等に配慮した保護区域と規制区域の設定が必要である。

（4）　柔軟性を持たせる整備・開発の制限

　南京城壁は、都市の成長に適応しつつ、規模、形態、機能を更新し続け、今日の姿となっている。しかしながら、現行の法制度によって南京城壁は厳格に保護され、歴史保全の観点から改変が認められなくなり、逆に、柔軟性を欠いたものとなり、現状の都市の発展に適応することができないという課題がある。そこで、城壁を保全すると同時に、城壁の歴史的な姿を損壊しないという条件で、城壁空間に対する整備・開発の制限に柔軟性を持たせ、城壁の利用形式の改変や建築要素の増築や改築などが可能となる余地を残し、都市発展の需要に応じで柔軟に変化させ、空間全体を対象とする計画が必要である。

（5）　都市計画と連携する保全に関する仕組みの開発

　南京城壁保護計画を策定する際に、計画案の作成から公布まで、江蘇省及び南京市の文物部門が主導し、東南大学建築設計研究院が、城壁周辺の地形図や道路、土地利用計画等、必要資料の請求に関して、南京市都市計画局と連携してきたが、計画案の作成にあたって、都市計画部門との調整が十分ではなかった。2章と3章でみたように、南京城壁は回遊性が低く、周辺空間との隔離等の課題が残っており、これらの課題を解決するために、保全計画を策定する際、都市計画、交通、インフラ等を所掌する様々な部門と連携する仕組みが必要である。

（6）　市政府主導の住民参加型まちづくり手法の構築

　近年、民主意識の台頭に伴い、都市開発や計画に対する住民の関心、意識は高まってきている。都市計画案の審議では事前に、専門家や市民からの意見を

149

第5章 結論

募集する規定があるが、保護計画案では意見募集に関する規定がない。今後、城壁と地域の連携の向上や、城壁の多様な保全と活用の手法を創出するために、市政府を主導する城壁の保全への住民参加や官民連携型のまちづくり手法の構築が求められる。

参考文献一覧

参考文献一覧 (50音順)

<あ>

- 浅野聡, 戸沼幸市：台湾における歴史的建造物・歴史的環境の保全に関する研究—法規体系及び執行体系について, 都市計画論文集, 25, pp.451-456, 1990
- 浅野聡：台湾における歴史的建造物・歴史的環境の保全制度とその運用状況に関する研究, 都市計画論文集, 27, pp.7-12, 1992
- 浅野聡：日本及び台湾における歴史的環境保全制度の変遷に関する比較研究：文化財保護関連法を中心にして, 日本建築学会計画系論文集, 576, pp.223-230, 2004
- 梅津章子：アメリカにおける交通政策と歴史的環境保全の関係についての研究—1991年総合陸上輸送効率化法の制定を受けて—, 都市計画論文集, 35, pp.151-156, 2000・井川博文：ドイツにおける面的記念物保護制度の研究：ヘッセン州とノルトライン＝ヴェストファーレン州を中心として, 日本建築学会計画系論文集, 608, pp.219-225, 2006
- 青柳憲昌, 岩月典之, 藤岡洋保：文化財保護法制定後の国宝建造物指定方針と戦後の「国宝」概念の形成, 日本建築学会計画系論文集, 678, pp.1997-2005, 2012
- 阿部祐子：シアトルの歴史地区におけるコミュニティ保全思想の提起とその背景, 日本建築学会計画系論文集, 668, pp.2027-2032, 2011

<い>

- 井川博文：ドイツにおける面的記念物保護制度の研究：ヘッセン州とノルトライン＝ヴェストファーレン州を中心として, 日本建築学会計画系論文集, 608, pp.219-225, 2006
- 井川博文：ドイツにおける記念物周囲の保護手法について—ドイツの記念物保護手法の研究 (2), 日本建築学会計画系論文集, 645, pp.2571-2578, 2009

参考文献一覧

＜う＞

・梅津章子：アメリカにおける交通政策と歴史的環境保全の関係についての
研究—1991年総合陸上輸送効率化法の制定を受けて—，都市計画論文集，
35，pp.151-156，2000
・宇高雄志，リー ライチューマロン：シンガポールの歴史的市街地の保存に
おける保存ガイドラインの運用実態，日本建築学会計画系論文集，556，
pp.257-264，2002
・宇高雄志：マレーシアにおける歴史的市街地の保全：その現状と制度整備
上の課題，日本建築学会計画系論文集，584，pp.91-97，2004
・梅津章子，西村幸夫：米国における歴史的環境保全の経済的側面について
：メインストリート・プログラム（その１），日本建築学会計画系論文集，
537，pp.279-285，1999
・梅津章子，西村幸夫：米国における歴史的環境保全とその社会的経済的価
値についての研究：メインストリート・プログラム（その２），日本建築学
会計画系論文集，520，pp.227-233，2000

＜え＞

・江口久美：20世紀初頭の古きパリ委員会による歴史的記念物保全への都市
的視点の導入に関する研究：考古学的・芸術的目録を対象として，都市計
画論文集，45，pp.355-360，2010
・遠藤新：米国における歴史保全地役権プログラムに関する研究，日本建築
学会計画系論文集，652，pp.1517-1524，2010

＜お＞

・王景慧，阮儀三，王林：歴史文化名城保護理論與規劃，同済大学出版社，
1999（中国語）
・オースト・ドラクロワ著，渡辺洋子訳：城壁にかこまれた都市—防御施設

の変遷史―，井上書院，1983
- 愛宕元：中国の城郭都市　殷周から明清まで，中公新書，1991
- 王少華：明代南京城墻的建造，現代城市研究，04，pp.11-14，1995（中国語）
- 岡村祐：英国における歴史まちづくり事業タウンスケープ・ヘリテイジ・イニシアチブの制度的特徴と運用実態，都市計画論文集，46，pp.187-192，2011
- 王涛：文物保護単位保護規劃中保護範囲和建設控制地帯的劃定和分級，東南文化，02，pp.23-26，2010（中国語）
- 太田静六著：ヨーロッパの古城，吉川弘文館，1989
- 王成康，出口敦，箕浦永子，坂井猛：南京市における城壁空間の変遷と類型に関する研究，日本建築学会計画系論文集，672，pp.385-391，2012.2
- 王景慧，阮儀三，王林：歴史文化名城保護理論與規劃，同済大学出版社，1999（中国語）

＜か＞

- 葛維成，楊国慶，葉揚：イタリア・ルッカ城墻的歴史與保護，中国文化遺産，041，pp.98-106，1995（中国語）
- 菅野博貢，高田誠マルセール，矢込祐太：在外華僑による歴史的建造物群の形成過程とその現状，及び今後の保全のあり方についての考察―中国広東省台山市梅家大院をケーススタディとして，日本建築学会計画系論文集，657，pp.2679-2686，2010
- 郭東潤，北原理雄：中心市街地における歴史的環境保存運動の展開とそのプロセスに関する研究：韓国ソウル市・仁寺洞地区を中心に，都市計画論文集，37，pp.1123-1128，2002
- 亀井由紀子：歴史的環境保全地区における住民活動の機能評価に関する研究：橿原市今井町重要伝統的建造物群保存地区を事例として，日本建築学会計画系論文集，670，pp.2381-2386，2011
- 片山律，藤澤裕：歴史的都市の都市景観評価と計画手法に関する研究：鎌

倉市の都市景観保全と建築高度規制に関する研究，都市計画論文集，30，pp.259-264，1995

・片山律：歴史的都市における都市景観評価と計画手法に関する研究─山並み眺望景観の保全と建築高度規制に関する研究・京都市，奈良市，鎌倉市─，都市計画論文集，32，pp.25-30，1997

・神庭信幸：東京国立博物館における環境保全計画─所蔵文化財の恒久的保存のために，東京国立博物館研究誌，594，pp.61-77，2005

・何柯，斉康，王成康，日本 Acrade 商店街対我国伝統街区改造的启示，現代城市研究，01，pp.49-53，2011年1月

＜き＞

・岸田比呂志：都市デザイン活動における歴史的建造物の保全活用の意義─横浜市における都市デザインの活動から─，都市計画論文集，33，pp.253-258，1998

・許京松・石丸紀興：古代中国における『古城壁』の計画理念に関する考察，日本建築学会大会学術講演梗概集 F-1，pp.493-494，1999

＜く＞

・久保田和男：北宋首都開封の城壁について〜神宗の外城修築を中心として〜，長野工業高等専門学校紀要，39，pp.69-80，2005

・窪田亜矢，西村幸夫：ニューヨーク市におけるヒストリック・ディストリクトの経年的変遷に関する研究，都市計画論文集，35，pp.715-720，2000

・窪田亜矢，西村幸夫：アメリカ合衆国におけるヒストリック・ディストリクト制度の現状の法的論点に対する考察，日本建築学会計画系論文集，539，pp.203-208，2001

・窪田亜矢，西村幸夫：アメリカ合衆国におけるヒストリック・ディストリクト制度の法的論拠の確立に関する研究，日本建築学会計画系論文集，539，pp.195-201，2001

・窪田亜矢，西村幸夫：歴史的環境の今日的解釈についての研究：旧鉱山町・相川での提案，日本建築学会大会学術講演梗概集．F，都市計画，建築経済・住宅問題，建築歴史・意匠 1993，pp.183-184，1993

＜こ＞

・呉瑞：国内外文物古跡保護理論的形成與発展，蘭台世界，01，pp.80-80，2009（中国語）
・黄蘭翔：台湾新竹城における城壁の形成について，日本建築学会計画系論文報告集，438，pp.97-107，1992
・呉美萍：全国重点文物保護単位的保護規劃與旅遊規劃関係問題研究，旅遊学研究，04，pp.194-197，2007（中国語）

＜さ＞

・斉佩文：論南京市明城墙風光帯的開発，江蘇林業科技，s1，pp.14-18，1998（中国語）
・境野飛鳥，斎藤英俊，大和智夫：GHQ/SCAP 文書内の文化財保護法草案・法案の分析・考案―文化財保護法の成立過程に関する研究（その１），日本建築学会計画系論文集，647，pp.253-261，2010

＜し＞

・沈承寧：論南京城墙之歴史価値与世界文化遺産之申報，現代城市研究，06，pp.47-55，2007（中国語）
・周琦，王為：南京明城墙保護和利用的設想，建築与文化，09，pp.24-27，2008（中国語）
・周琦，王為：南京明城墙改造構想，建築与文化，09，pp.28-29，2008（中国語）
・周琦，王為：重拾被遺忘的時光―南京明城墙改造概念設計，建築与文化，

10, pp.41-44, 2008（中国語）
- 周宇，張暁莉，邢琰：城市線性開放空間的“生長”研究—以南京明城墻地帯為例，北京規劃建設，04，pp.95-98, 2006（中国語）
- 新村出編：広辞苑　第四版，岩波書店，1993
- 彰国社編：建築大辞典　第2版，彰国社，1993
- 城壁都市リスト http：//en.wikipedia.org/wiki/List_of_cities_with_defensive_walls

＜す＞

- 杉本憲司：中国古代を掘る　城郭都市の発展，中公新書，1986

＜せ＞

- 薛凱，陳薇：南京明城墻保護及其相関植物，建築与文化，02，pp.92-95, 2010（中国語）
- 銭威，岡崎篤行：北京における歴史的環境保全制度の変遷並びに現在の構成，日本建築学会計画系論文集，627，pp.1007-1013, 2008
- 清野隆，安田成織，土肥真人：横浜市認定歴史的建造物制度の「保全活用計画」の景観的価値にみる参照関係—単体保存制度によるグループとしての歴史的建造物の保全活用の可能性，日本建築学会計画系論文集，657，pp.2755-2762, 2010

＜そ＞

- 徐旺佑，韓三建：国史跡邑城における城壁の復元と整備に関する考察：韓国における史跡の保存整備の動響と特徴に関する研究 その1，日本建築学会計画系論文集，630，pp.1839-1845, 2008
- 曹新響，瞿鴻模，梁智科：開封古城墻旅游開発的設想，現代城市研究，05，pp.73-76, 2003（中国語）
- 徐旺佑：近世城郭の文化財保護と保存・活用の変遷に関する考察—歴史的

記念物の保存・活用の変遷に関する研究（その１），日本建築学会計画系論文集，643，pp.2133-2138，2009
・蘇則民編：南京城市規劃史稿，中国建築工業出版社，2008（中国語）

＜た＞

・高柳伸一：ララチェの城壁の実施案が成立する経緯：フェリペ３世のスペインによるアフリカ北西部における軍事拠点作り（1），日本建築学会計画系論文集，623，pp.227-234，2008
・田畑貞寿，宮城俊作，内田和伸：城跡の公園化と歴史的環境の整備，造園雑誌，53（5），pp.169-174，1990
・高橋暁：文化遺産危機管理とユネスコ国際条約の統合的運用に関する研究―1954年ハーグ条約，1970年文化財不法輸出入等禁止条約，1972年世界遺産条約を中心に，日本建築学会計画系論文集，642，pp.1945-1950，2009
・高橋暁：武力紛争の際の文化財の保護に関する条約第二議定書運用指針作成に関する考察―文化遺産危機管理とユネスコ条約の連携，日本建築学会計画系論文集，653，pp.1787-1792，2010

＜ち＞

・陳緒冬：南京明城墻風光帯保護開発中的道路規劃，城市規劃，04，pp.70-73，2001（中国語）
・陳薇，楊俊："囲"与"穿"―南京明城墻保護与相関城市交通発展的探討，建築学報，09，pp.64-68，2009（中国語）
・張瀟，柴田祐，澤木昌典：商業活性化を目的とした里院の保全・再開発に関する研究：中国・青島市劈柴院再開発事業を対象に，日本建築学会計画系論文集，671，pp.47-56，2012
・張松，西村幸夫：上海外灘歴史地区の景観保全計画に関する研究，日本建築学会計画系論文集，496，pp.125-130，1997
・沈暘，蔡凱臻，張剣葳：事件性與革命旧址類文物保護単位保護規劃―紅色

参考文献一覧

旅遊発展視角下的全国重点文物保護単位保護規劃，建築学報，12，pp.48-51，2006（中国語）
・張杰，龐駿：旅遊視野下文物保護単位保護規劃常態抗辯－兼論文物保護単位保護規劃的制度創新，規劃師，11，pp.102-107，2011（中国語）
・中国社会科学院語言研究所辞典編輯輯室編：新華字典　第11版，商務印書館，2011（中国語）
・中華人民共和国国家文物局 http://www.sach.gov.cn/
・陳同濱，王力軍：不可移動文物保護規劃十年，中国文化遺産，03，pp.108-111，2004（中国語）
・陳沂撰：金陵古今図考，南京出版社，2006（中国語）

＜と＞

・鳥海基樹，村上正浩，後藤治，大橋竜太：フランスに於ける公開文化財建造物の総合的安全計画に関する研究：安全性能規定の体系，公的安全マニュアル，ルーアン大聖堂に於ける検証とモデル化，日本建築学会計画系論文集，627，pp.923-930，2008

＜な＞

・成一農：中国古代城市城墻史研究総述，中国史研究動態，01，pp.20-25，2007（中国語）
・南京市規劃局公式ホームページ，http://www.njghj.gov.cn/NGWeb/Page/Index.aspx
・南京年鑑編纂委員会編：南京年鑑1993，江蘇古籍出版社，1993（中国語）
・南京市政府公式ホームページ，http://www.nanjing.gov.cn/njgk/

＜に＞

・西村幸夫：都市保全計画，東京大学出版会，2004

- 西村幸夫：英国都市計画における歴史的環境保全のための地区制度の展開，日本建築学会計画系論文報告集，422，pp.53-67，1991
- 西村幸夫：建造物の保存に至る明治前期の文化財保護行政の展開：「歴史的環境」概念の生成史 その1，日本建築学会論文報告集，340，pp.101-110，1984
- 西村幸夫：明治中期以降戦前における建造物を中心とする文化財保護行政の展開：「歴史的環境」概念の生成史 その2，日本建築学会論文報告集，351，pp.38-47，1985
- 西村幸夫：土地にまつわる明治前期の文化財保護行政の展開：「歴史的環境」概念の生成史 その3，日本建築学会論文報告集，358，pp.65-74，1985
- 西村幸夫：「史蹟」保存の理念的枠組みの成立：「歴史的環境」概念の生成史 その4，日本建築学会論文報告集，452，pp.177-186，1993
- 西村幸夫：歴史的環境の「残り方」に関する予備的考察：城下町に残る歴史的環境の検討，日本建築学会大会学術講演梗概集，計画系56（都市計画・建築経済・住宅問題），pp.1657-1658，1981

＜は＞

- 馬正林：論中国城墻的起源，人文地理，Vol.8，No.1，pp.1-7，1993（中国語）
- 馬正林：論城墻在中国城市発展中的作用，陝西師大学報哲学社会科学版，Vol.23，No.1，pp.102-107，1994（中国語）
- 文化財保護委員会編集：文化財保護の歩み，大蔵省印刷局，1960
- 馬海涛，秦耀辰：論城墻対城市建設的影响—以開封城墻為例，城市門題，04，pp.42-46，2007（中国語）
- 萩島哲編：都市計画，朝倉書店，2008
- ハワード・サールマン著，福川裕一訳：中世都市，井上書院，1983

＜ひ＞

- 平賀あまな，斎藤英俊：「武力紛争の際の文化財保護のための条約（1954年ハーグ条約）」成立の経緯と日本の関与：国際社会における文化財保護と日本 その1，日本建築学会計画系論文集，588，pp.195-201，2005
- 平賀あまな，斎藤英俊：「武力紛争の際の文化財保護のための条約（1954年ハーグ条約）」成立過程の議論にみられる日本の役割：国際社会における文化財保護と日本 その2，日本建築学会計画系論文集，608，pp.211-218，2006
- 平賀あまな，斎藤英俊：「武力紛争の際の文化財保護のための条約（1954年ハーグ条約）」批准に向けた日本の活動：国際社会における文化財保護と日本 その3，日本建築学会計画系論文集，628，pp.1409-1415，2008
- 平澤毅：名勝の保存管理計画策定に関する考察，ランドスケープ研究，74(5)，pp.717-720，2011

＜ふ＞

- 付暁渝：中国古城墙保護探索，北京林業大学博士論文，2007（中国語）
- 馮因，青鋒：談西安西城門内側公共空間的営造，新建築，01，pp.58-61，2004（中国語）
- 藤崎浩治：歴史的町並み保全と建築規制に関する研究―橿原市今井町伝統的建造物群保存地区における建築基準法の緩和措置の検討を通じて，都市計画論文集，29，pp.547-552，1994
- 藤岡麻理子，平賀あまな，斎藤英俊：1954年ハーグ条約に基づく履行状況報告書とその内容：「武力紛争の際の文化財の保護に関する条約」の履行状況とその課題 その1，日本建築学会計画系論文集，626，pp.897-903，2008
- 藤岡麻理子，平賀あまな，斎藤英俊：1954年ハーグ条約の定める軍隊の組織，規則，命令等に関する規定の履行状況：「武力紛争の際の文化財の保護に関する条約」の履行状況とその課題 その2，日本建築学会計画系論文集，629，pp.1657-1664，2008

- 藤岡麻理子，平賀あまな，斎藤英俊：1954年ハーグ条約に基づく軍隊に対する文化財保護の教育と普及―「武力紛争の際の文化財の保護に関する条約」の履行状況とその課題（その３），日本建築学会計画系論文集，642，pp.1935-1943，2009

＜ほ＞

- 堀裕典，小泉秀樹，大方潤一郎：バンクーバー市における容積移転制度の運用実態について：都心における歴史的建築物保全の視点から，都市計画論文集，45，pp.39-44，2010

＜ま＞

- 正本彩子，小浦久子：通り景観における歴史的環境特性の持続に関する研究：京都都心地区の景観のまとまり調査より，日本建築学会計画系論文集，567，pp.75-80，2003

＜み＞

- 三島伸雄：ウィーン市の歴史的景観保全制度の展開と市民意識に見るその役割，都市計画論文集，31，pp.217-222，1996
- 宮脇勝，西村幸夫：イタリアにおける風景計画の展開：イタリアにおける歴史的環境保全計画に関する研究　その１，日本建築学会計画系論文集，466，pp.123-132，1994

＜や＞

- 安田梢，平賀あまな，斎藤英俊：ボロブドゥール遺跡修復事業の概要と技術諮問委員会について―国際協力によるボロブドゥール遺跡修復事業（その１），日本建築学会計画系論文集，650，pp.979-987，2010

参考文献一覧

・安田梢，平賀あまな，斎藤英俊：修復方針決定までの議論：国際協力によるボロブドゥール遺跡修復事業（その2），日本建築学会計画系論文集，677，pp.1801-1807，2012

＜ゆ＞

・于淼，馬凱：中国城市建設史中的城墻，建築設計管理，01，pp.40-42，2008（中国語）

＜よ＞

・楊国慶，王志高：南京城墻志，鳳凰出版社，2008（中国語）
・楊宏烈：論城墻保護与園林化，中国園林，14，pp.4-8，1998（中国語）
・葉華，浅野聡，戸沼幸市：中国における歴史的環境保全のための歴史文化名城保護制度に関する研究：名城保護制度の枠組みの整備過程の特徴と課題，日本建築学会計画系論文集，494，pp.195-203，1997
・吉田正二，山田智子：フランス保護領下・モロッコにおける文化財保護の法制度―モロッコにおける歴史的環境保全の展開，日本建築学会計画系論文集，663，pp.1037-1043，2011
・吉田正二：モロッコ・フェズにおける歴史的環境の保全について：メディナ保全の歴史的展開と今日の課題，日本建築学会計画系論文集，520，pp.247-253，1996
・楊新華編：南京明城墻，南京大学出版社，2006（中国語）

＜り＞

・ルイス・マンフォード著，生田勉訳：歴史の都市　明日の都市，新潮社，1969
・李立，閻莉：南京明城墻的歴史演変，学理論，20，pp.126-128，2009（中国語）

- 李玉堂，潘琴：城市意象之城壁情結―荊州古城墻価値及保護策略分析，華中建築，24，pp.128-130，2006（中国語）
- 李兵：建国后西安明城墻的保護歴程及其启示，四川建築，01，pp.10-12，2009（中国語）
- 刘正平：南京明城墻風光帯規劃，城市規劃，04，pp.65-69，2001（中国語）
- 林美吟，浅野聡，浦山益郎：台湾における集集大震災後の歴史的環境保全制度の改正及び現状に関する研究：文化資産保存関連法を中心に，日本建築学会計画系論文集，573，pp.125-131，2003
- 林宜徳，畔柳昭雄：中国山東省烟台市における歴史的建造物の保護制度に関する研究：アジアの歴史的文化遺産の保護に関する調査研究 その1，日本建築学会計画系論文集，462，pp.137-146，1994
- 和田幸信：フランスにおける歴史的建造物の周囲の景観保全に関する研究：フランス建造物監視官（ABF）の役割を中心に，日本建築学会計画系論文集，596，pp.131-138，2005
- 李榮蘭，齋藤榮，桝田佳寛，小西敏正：重要文化財建築物の動態保存における維持管理の現状と運営方策に関する研究，日本建築学会計画系論文集，682，pp.2905-2910，2012
- 林美吟，浅野聡，浦山益郎：台北市大稲埕地区における歴史的環境保全計画に関する研究，日本建築学会計画系論文集，592，pp.123-130，2005

＜わ＞

- 和田幸信：フランスにおける歴史的建造物の周囲の景観保全に関する研究：フランス建造物監視官（ABF）の役割を中心に，日本建築学会計画系論文集，596，pp.131-138，2005
- 渡辺定夫，西村幸夫：全国に分布する歴史的環境の実態とその問題点，日本建築学会論文報告集，312，pp.109-114，1982

参考文献一覧

＜c＞

- Chengkang W, Takeru S, Prasanna D and Soyeon K, Comparative Study on Conservation of Walled Cities in Europe and China, ISHED Conference 2012, 10-1, October, 2012
- Chengkang W, Takeru S, Ke H and Soyeon K, Conservation and Classification of Moats Space Surrounding the Castle Town, The 9th International Symposium on City Planning and Environmental Management in Asian Countries (AURG 2014), January, 2014

＜i＞

- ICOMOS公式ホームページ, http://www.icomos.org/en/about-icomos/mission-and-vision/history（参照2013.10.20）

＜j＞

- J・E・カウフマン / H・W・カウフマン共著, ロバート・M・ジャーガ作図, 中島智章訳：中世ヨーロッパの城塞 攻防戦の舞台となった中世の城塞、要塞、および城壁都市, マール社, 2012

＜n＞

- Nisreen ZAHDA, Yuichi FUKUKAWA: Saving the Old Market of a Divided City: Assessing HRC regeneration project in the occupied section of Hebron city, J. Archit. Plann., AIJ, 625, pp.625-631, 2008

＜s＞

- Stephen Turnbull : Chinese Walled Cities 221BC-AD1644, Osprey Publishing, 2009

・Sylvie Ragueneau, 劉健：パリ：城墻内外的城市発展，国外城市規劃，
Vol.18, No.4, pp.37-41, 2003（中国語）
・Soyeon K, Takeru S, Prasanna D and Chengkang W, Feature and Issues of
Downtown Area Management in Fukuoka, ISHED Conference 2012, 4-4,
October, 2012
・Soyeon K, Takeru S and Chengkang W, A Study on Citizens' Organizations
in Downtown Commercial Districts in Seoul, The 9th International
Symposium on City Planning and Environmental Management in Asian
Countries (AURG 2014), January, 2014

＜u＞

・UNESCO 公式ホームページ, http://en.unesco.org/about-us/introducing-unesco
（参照2013.10.20）

図表リスト

図表リスト

第1章　序論

図1-1　　本研究のフロー

第2章　欧州と中国における城壁都市の保全実態から見る南京城壁の特徴

図2-1　　メソポタミア地域周辺
図2-2　　城壁都市ウルの平面
図2-3　　城壁都市ミュケナイの平面図
図2-4　　ローマの二重城壁
図2-5　　要塞都市パルマノヴァの平面
図2-6　　要塞都市パルマノヴァの航空写真
図2-7　　王城崗遺址の平面
図2-8　　王城崗遺址基礎槽の断面
図2-9　　長安の平面図
図2-10　城壁都市の分布
図2-11　城壁都市の代表性分析
図2-12　城壁都市テッサロニキ Thessaloniki
図2-13　欧州における城壁都市の特徴
図2-14　明朝における南京城壁の空間形態
図2-15　中国における城壁都市の特徴
図2-16　城壁都市の形態
図2-17　城壁の残存パターン
図2-18　城壁と市街地の関係
図2-19　新旧市街地の位置関係
図2-20　旧市街の保全類型
図2-21　クラスター分析の結果

171

図表リスト

図2-22　グループ1①
図2-23　グループ1②
図2-24　グループ1③
図2-25　グループ1④
図2-26　グループ2①
図2-27　グループ2②
図2-28　グループ2③
図2-29　グループ3①
図2-30　グループ4①
図2-31　グループ4②

表2-1　欧州における城壁都市の保全状況
表2-2　中国における城壁都市の保全状況
表2-3　クラスター分析を用いる変数
表2-4　中小規模全体保全型に属する城壁都市
表2-5　高台市街化型に属する城壁都市
表2-6　融合型に属する城壁都市
表2-7　独立型に属する城壁都市

第3章　南京市における城壁空間の変遷と利用実態

図3-1　南京城壁と周辺環境
図3-2　城壁空間の概念図
図3-3　南京市の位置
図3-4　南京市全域図
図3-5　南京市と南京城壁
図3-6　中華門の上から見る南京市の景観
図3-7　解放門の上からみる南京市内の景観
図3-8　明朝以前に南京における城壁の変遷

図3-9 六朝時代の南京の様子
図3-10 楊呉南唐時代の南京の様子
図3-11 明朝時期の都城城壁と城壁
図3-12 清朝末期・中華民国初期の南京市と城壁
図3-13 当時金川門を通る鉄道の様子
図3-14 当時朝陽門の様子
図3-15 当時豊潤門の様子
図3-16 中華民国後期の南京市と城壁
図3-17 当時挹江門の三孔城門
図3-18 当時新民門の様子
図3-19 日本占領時期の漢中門
図3-20 中華民国後期の南京市と城壁
図3-21 金川門を撤去した時の様子
図3-22 武定門を撤去した後の様子
図3-23 70年代の中華門の周辺
図3-24 現在の南京市と城壁
図3-25 中華門周辺の城壁と民居
図3-26 儀鳳門周辺の城壁と市街地
図3-27 現存する城壁と周辺空間の利用状況
図3-28 各城壁空間の機能と利用状況
図3-29 クラスター分析の結果
図3-30 未整備隔離型の城壁空間
図3-31 公園整備一体型の城壁空間
図3-32 高台視点場型の城壁空間
図3-33 境界区分型の城壁空間

表3-1 明朝以降における城門の建設経緯
表3-2 クラスター分析を用いる変数

図表リスト

第4章　南京市における城壁の保全に関する法制度及び計画の特徴と課題

図4-1　文物保護法における文物の保護体系の変遷
図4-2　文物保護単位として認定されている城壁の分布
図4-3　南京城壁における保護区域と規制区域の変遷
図4-4　全国重点文物保護単位の変遷
図4-5　全国重点文物保護単位の構成
図4-6　保護計画の割合
図4-7　保護計画の策定プロセス
図4-8　保護範囲と規制範囲
図4-9　南京城壁保護計画（2008〜2025）部門別計画の概要
図4-10　南京市における城壁の保全と都市交通開発の関係

表4-1　城壁保全に関連する国が定めた法律、法規
表4-2　南京城壁の保全に関する条例の変遷
表4-3　保護計画の変遷
表4-4　全国重点文物保護単位の指定経緯
表4-5　保護計画の策定状況
表4-6　保護計画の内容要求と構成
表4-7　南京城壁保護計画の比較
表4-8　全国重点文物保護単位の指定経緯

第5章　南京市における城壁の保全に関する法制度及び計画の特徴と課題

図5-1　南京市における城壁の保全と活用に対する提案

発表論文

発表論文

1. The Inspiration of Japanese Acrade to Transformation of the Traditional Street in China （Chinese）
Modern Urban Research, Vol.26, 01, 2011

（2011年1月1日）

共著者　何　柯, 斉　康

2. 南京市における城壁空間の変遷と類型に関する研究
日本建築学会計画系論文集，第77巻，第672号

（2012年2月15日）

共著者　出口　敦, 箕浦　永子, 坂井　猛

3. Comparative Study on Conservation of Walled Cities in Europe and China
Proceedings of First International Conference of International Society of Habitat Engineering and Design

（2012年10月14日）

共著者　Takeru Sakai, Prasanna Divigalpitiya, Soyeon Kim

4. Feature and Issues of Downtown Area Management in Fukuoka
Proceedings of First International Conference of International Society of Habitat Engineering and Design

（2012年10月14日）

共著者　Soyeon Kim, Takeru Sakai, Prasanna Divigalpitiya

5. Conservation and Classification of Moats Space Surrounding the Castle Town
Proceedings of 9th International Symposium on City Planning and Environmental Management in Asian Countries

（2014年1月12日）

共著者　Takeru Sakai, Prasanna Divigalpitiya, Soyeon Kim

発表論文

6. A Study on Citizens' Organizations in Downtown Commercial Districts in Seoul
   Proceedings of 9th International Symposium on City Planning and Environmental
   Management in Asian Countries

   （2014年 1 月12日）

   共著者　Soyeon Kim, Takeru Sakai

7. 南京城壁保護計画の変遷と特徴に関する研究
   九州大学大学院人間環境学研究院紀要，第25号

   （2014年 1 月15日）

   共著者　坂井　猛

謝　辞

謝辞

　本研究を進めるにあたり、まず何よりも終始適切なご指導を頂いた九州大学新キャンパス計画推進室教授坂井猛先生に心より感謝申し上げます。坂井先生には、研究に取り組む姿勢、論文の書き方など全て一から根気強く懇切に御指導いただきましたこと、また、生活上にも常にお気遣い頂いたこと、厚く御礼を申し上げます。論文調査会の副査をして頂きました東京大学大学院新領域創成科学研究科教授、出口敦先生には、九州大学在学中より、都市計画、都市設計に関する基礎知識から多事に渡り御教示頂いたこと、また、本論文の審査を通じて、貴重なご指導と御助言を賜ったこと、深く感謝申し上げます。並びに九州大学大学院人間環境学研究院教授菊地成朋先生には、論文審査を通じて貴重な御助言と御意見を頂きました。ここに謹んでお礼を申し上げます。そして、趙世晨先生、有馬隆文先生、鶴崎直樹先生、藍谷鋼一郎先生、箕浦永子先生Prasanna 先生、Kevin 先生をはじめ、九州大学大学院人間環境学研究院の先生方には様々な場面で数々のご教示を頂きましたこと感謝いたします。

　また、現地調査にあたり、中国・東南大学の杜順宝教授、陳薇教授、何柯講師、買亭立講師、中国・揚州大学の蔡漢副教授、南京市栖霞区の梁建才区長、同市都市建設部門の劉吉局長、同市都市計画研究院の沈俊超氏に資料の提供やヒアリング調査にご協力いただきました。ここに記して感謝の意を表します。

　さらに、博士課程に進学して以来、武田裕之氏、金昭淵氏、杉野弘明氏、姜気賢氏、金ドン均氏には、研究の進行に対するご相談やご助言を頂きました。深くお礼を申し上げます。

　九州大学のゼミで共に学んだ、張桜子氏、Kusumaningdyah Nurul Handayani氏、清水李太郎氏、王秋婷氏、山崎雅文氏、伊賀上剛史氏、守山健史氏、姜忍耐氏、東江真人氏、濱田貴広氏、中川聡一郎氏、森脇あつ子氏、森田翔氏、樋口翔氏、アンドレ氏、遠山今日子氏、曽彧韻氏、Rahif Abdulqader Maddah 氏、本城貴之氏、山口浩介氏、和田雅人氏、田中浩二郎氏、都合遼太郎氏、吉田健志氏、仲摩純吾氏、田中潤氏、上間至氏、洪銅基氏、小川隆氏、森直子氏、川上直人氏をはじめとする数多くの先輩後輩諸氏には、修士論文から本論文に至るまでの様々な場面で相談に乗って頂き、議論を通じ数々のご助言やご意見を

謝　辞

頂きまして、充実した研究室生活を送ることができました。心より感謝いたします。

　日本に来てから、王麗蘭氏、禹寧氏、高麗娟氏、須藤一夫氏、白石悦二氏、尾辻信宣氏をはじめとする数多くの方々には、学習上も生活上も多くのお気遣い頂きました。ここで、記して感謝の意を表す次第であります。

　留学生の仲間、于文汇氏、褚慧君氏、王大強氏、王炜氏、李恩氏、李康氏、劉澤氏、高翰元氏、車有路氏、李鶴氏、李和顔氏、安大地氏をはじめとする諸氏には、楽しい日本での生活を送ることができまして、感謝しております。

　そして最後に、両親及び妻の雅晶の理解と支援なくしては、研究活動や本論文の執筆は出来なかったと思います。この場を借りて感謝の意を表したいと思います。どうもありがとうございました。

2019年1月

王　成康

著者: 王　成康（WANG Chengkang）
南京林業大学風景園林学院園林規劃設計専攻、講師、博士（工学）

研究分野: 景観設計、公共空間設計、歴史景観の保全
Email: chengkang.wang@njfu.edu.cn

中国南京市における
城壁空間の保全と活用
Conservation and utilization of city wall space
in Nanjing, China

中国江蘇高校品牌専業建設工程資助項目（項目編号：PPZY2015A063）
(Top-notch Academic Programs Project of Jiangsu Higher Education Institutions)

2019年1月4日　初版発行

著　者 ―― 王　成康（WANG Chengkang）
発行者 ―― 仲西佳文 Nakanishi Yoshifumi
発行所 ―― 有限会社 花 書 院 Hanashoin Co., Ltd.
　　　　　〒810-0012 福岡市中央区白金2-9-2
　　　　　電話（092）526-0287　FAX（092）524-4411
　　　　　2-9-2, Shirogane, Chuo-ku Fukuoka-shi, Fukuoka,
　　　　　810-0012, Japan
　　　　　TEL +81-92-526-0287 FAX +81-92-524-4411
振　替 ―― 01750-6-35885
印刷・製本 ― 城島印刷株式会社　Kijima Printing Co., Ltd.
ISBN978-4-86561-146-5　C3052
ⓒ2019 Printed in Japan

　　　　　定価はカバーに表示してあります。
　　　　　万一、落丁・乱丁本がございましたら、弊社あてにご郵送下さい。
　　　　　送料弊社負担にてお取り替え致します。

文字数：17万2千字